新版
教育の課程・方法・評価

山﨑準二 編著

梓出版社

はじめに

　本書は，21世紀の新しい教育実践を創造していくことが期待されている教職志望学生や現職教師の皆さんが，教育の課程・方法・評価の領域における基礎知識を獲得し，基本認識を形成していくためのテキストとして，前書『教育の課程・方法・評価』（2002年初版，2009年改訂版）の内容を今日の教育動向に即して大幅に書き改めたものである。

　1945年の敗戦から70年が過ぎ，日本の教育界は幾度かの基本方針の転換を経て，今日，変化の激しい時代に対応すべく，再び新たな諸改革が矢継ぎ早に提起されている。その中において，なによりもまず，これからの教育課程の在り方を考えていく上で，あらためて戦後日本の教育課程の変遷についての認識形成が不可欠であると考える。同時に，個別的な課題として，情報化社会の進展に伴って教育界においても急速に導入が進む情報機器・ICT等の活用について，また「実践的指導力」育成の主要な課題である教育実習や学校参加体験学習の取組について，さらにはアクティブ・ラーニングなどの学習・指導方法の提起に対応した新しい学習活動の創造について，それぞれ必要な知識・認識を獲得・形成していくことも重要であると考える。

　今回の新版刊行にあたっては，上述のような学習課題を意識して，あらたな論究のために二人の研究同人にも加わっていただき，大幅な修正・加筆・詳述を行った。前書同様，教職志望学生や現職教師の皆さん，あるいは教育問題に関心を寄せる多くの市民の皆さんの学習に役立てていただければ幸いである。

2016年3月

山﨑準二

【執筆者紹介と担当執筆箇所】

山﨑準二
　略歴及び専門分野：（奥付参照）
　執筆箇所：第1章，第2章，第3章1, 2，第4章，第5章3, 4，第6章

望月耕太
　略歴：静岡大学卒業，愛知教育大学大学院・静岡大学大学院博士課程（共同教科開発
　　　　学専攻）を経て，現在，神奈川大学助教（教職課程担当）
　専門分野：教師教育論，教育方法論，体験的学習理論に基づく教師教育に関する研究
　執筆箇所：第3章3, 4，第5章1, 2

田中里佳
　略歴：東京音楽大学卒業，東京都公立中学・小学校及び海外日本人学校の教員を経て，
　　　　現在，立教大学大学院博士課程（教育学専攻）在籍，東京都公立小学校教員
　専門分野：教師教育論，教育方法論，変容的学習理論を用いた教師の意識や実践的思
　　　　考の形成・変容に関する研究
　執筆箇所：第7章

目　　次

はじめに

第1章　子どもの学力と人格形成 …………………………………………… 3
　　1. 現代日本の子どもの学力：その特徴と問題点　　4
　　2.「学力」論の諸相：その混乱と課題　　10
　　3. 学力と人格：その一元論的把握の必要性　　15
　　コラム1　　19

第2章　教育課程の構造と編成 …………………………………………… 21
　　1. 教育課程の基本構造　　23
　　2. 戦後日本の教育課程の変遷　　31
　　コラム2　　42

第3章　教育方法の計画と実践 …………………………………………… 46
　　1. 授業の構想と課題　　47
　　2. 授業の組織と課題　　55
　　3. 情報機器等を活用した授業づくり　　60
　　4. 総合的・体験的な学習の方法と課題　　66
　　コラム3　　76

第4章　教育評価の理論と応用 …………………………………………… 78
　　1. 子ども（学ぶ側）の学習状況の評価　　79
　　2. 教師（教える側）の教授状況の評価　　85

3. 教育評価の新動向　　92
  コラム4　　100

第5章　教師の発達と力量形成 …………………………………………… 103
  1. 教育実習の役割　　103
  2. 学校ボランティア活動が果たす役割　　106
  3. 教師の発達・力量形成と評価のあり方　　110
  4. 教室における教師と子どもの関係　　117
  コラム5　　124

第6章　教育理論の思想と歴史 …………………………………………… 126
  1. 教育方法思想の誕生と発展　　127
  2. 近代教授理論の確立と展開　　132
  3. 近代日本の学校と教育実践改革　　144
  4. 生活指導の教育方法　　147
  コラム6　　152

第7章　新しい学習活動の創造 …………………………………………… 154
  1. 集団・共同での学習の理論と動向　　154
  2. 授業づくりの課題　　158
  3. アクティブ・ラーニング　　163
  コラム7　　165

巻末資料

新　版
教育の課程・方法・評価

第1章　子どもの学力と人格形成

　現代社会において，いわゆる子どもの「学力」問題は，実に様々な形での論議を生み出してきている。国際教育調査結果に象徴される小・中学生の「高い学力」，受験競争に駆り立てられる高校生の「受験学力」，そして大学改革の下で指摘され始めてきた大学生の「学力低下」，どれも「学力」の現状を語っているようで，どれも一面しか語っていない。

　そもそも，「『学力』とは何か」，という問いに対して万人が納得するような定義があるわけでもない。私たちは，日常用語として頻繁に「学力」という言葉を用いるが，会話している最中にも互いに「学力」という同じ言葉に違う意味内容を込めて使っていることに気づくことも多い。一般には，「学力」を英訳する場合は「achievement」という単語を用いることが多いが，その英単語は「何事かを成し遂げること，一定の標準に達すること」，名詞形として「達成，業績」といったことを意味している。「学力」を，「読み・書き・算」のようなものに限定してみると考えやすい。しかし，私たちの使う日常用語としての「学力」は，そのような意味ばかりではなく，ある人は問題解決力や一般的思考力などをイメージし，別なある人は学ぶ意欲や関心・態度なども含めてイメージしている。最近では，「生きる力」という言葉が「学力」というものの内容を指すものとして流行りでもある。戦後日本の教育界でも，この「学力」をめぐっての論争が繰り返し行われてきたし，最近もまたその何度目かの論争が華やかになってきている。

　本章では，「学力」論議という，この古くて新しい教育問題に対して，まず現代日本の子どもの学力の特徴と問題点（第1節）を明確にした上で，様々な意味合いで使われている「学力」論の諸相（第2節）をとらえつつ，教育活動の究極的目標である学力形成と人格形成の統一という問題についての

基本原則を考える（第3節）ことによって，迫っていきたい。

1　現代日本の子どもの学力：その特徴と問題点

国際教育調査結果の特徴　現代日本の子どもの学力実態を考える上で，2つの国際的な教育調査における日本の子どもたちの結果を世界の国々の子どもたちの結果と比較することは有益である。

2つの国際教育調査とは，その1つが「PISA：生徒の学習到達度調査」であり，もう1つが「TIMSS：国際数学・理科教育動向調査」である。いずれも，世界の主要国を含む50余りの多数の国・地域が参加する大規模調査であること，またこれまでに継続的に調査を実施してきており経年比較もできるものであること（特にTIMSS調査は1964年に算数・数学の調査を実施して以来の歴史をもつ），さらには調査問題の他に児童・生徒自身の意識や態度等を問う質問紙調査を実施していることなどを，共通の特徴としている。

しかし，両者には，その調査対象者の点で，TIMSS調査が小・中学生であるのに対してPISA調査は高校生であるという違いがあると同時に，その調査対象である「学力」内容にも重要な違いがある。TIMSS調査は「学校のカリキュラムで学んだ知識や技能等などがどの程度習得されているか」を評価しようとしているのに対して，PISA調査は「知識や技能等を実生活の様々な場面で直面する課題にどの程度活用できるか」を評価しようとしている。また「リテラシー（Literacy）」という概念を用い，問題の領域区分も既存の学校教科に即したものではなく「読解力」や「問題解決力」といったカテゴリーを用いている。「リテラシー」とは「情報を読み解き，自ら考える力」を意味し，例えば「科学リテラシー」の場合は，「科学的理解と同時に，科学的な見解を適用し，証拠について科学的に考えることのできる能力を求めるもの」とされている。

両教育調査の結果から，日本の子どもたちの学力は，全体的に見て国際平均よりは上位に位置していることがわかるが，PISA調査で求められている

「リテラシー」のような力が弱いことがあらわになった。その象徴として「読解力」の結果がみられるが，この「読解力」とは，たんに国語の読む力のみではなく，「自らの目標を達成し，自らの知識と可能性を発達させ，効果的に社会に参加するために，書かれたテキストを理解し，利用し，熟考し，これに取り組む能力」を意味しており，いわば全教科に関わってその育成が図られるべきものなのである。

さて，両教育調査の結果は，現代日本の子どもたちのもう1つの学力実態を浮き彫りにしている。それは，学ぶことに「興味がある」「楽しい」，あるいは学ぶことが「自分の実生活に密接に関わっている」「将来自分が望む仕事に就くために必要」といった点での意識，従来の表現では「学習の意欲や態度」に関わって，日本の子どもたちは国際平均よりも否定的消極的な結果を示していることである。

以上のように見てくると，受験体制下で，「学力＝受験学力」の達成競争を強いられながら獲得してきた国際教育調査結果の全体としての優位さの裏側で，学力と学習の内実における次のような2つの歪みの特徴がうかがわれるのである。

意味や理屈の抜け落ちた学習：その所産としての「日本型高学力」　その1つは学校の授業で獲得される知というものが多くの場合断片的な知識の集積に終始して，そこで獲得される能力は，与えられた枠組みの中で数字や記号や言葉を操作するだけの力にすぎなくなっているのではないか，そしてその獲得された知というものは，教科の学習やあるいは学校の中の学習の範囲内だけで完結してしまって，様々な事柄に対する子どもたち一人一人の見方とか構えというものを育んでいく力とはなりえていないのではないか，ということである。

学んでいる数字や記号や言葉がどのような現象や事実を意味しているのか，学んでいる操作がどのような理屈のもとで生み出されているのか，そういうことに思いを寄せ，「なるほどここはこういうことを意味しているのか」とか，「そうかこのやり方はこういう理屈だったのか」とか，そういうこと

図表1-1　国際的な教育調査（PISA2012調査とTIMSS2011調査）の概要と特徴

	PISA2012：生徒の学習到達度調査	TIMSS2011：国際数学・理科教育動向調査
実施主体	経済協力開発機構（OECD，1961年発足の政府間機関，日本は1964年に加盟）	国際教育到達度評価学会（IEA，1958年発足の国際学術研究団体，日本は国立教育政策研究所が1961年に加盟）
参加国等	65か国・地域（OECD加盟34か国，非加盟31か国・地域，約51万人が参加）	小学校：52か国・地域（約9,000校，約26万人が参加） 中学校：45か国・地域（約8,000校，約24万人が参加）
調査実施時期方法等	第5回：2012年(第1回：2000年，第2回：2003年筆記型の問題解決能力分野も実施，第3回：2006年，第4回：2009年)，2時間の筆記型調査（多肢選択式及び自由記述式等の問題から構成）と約30分の生徒及び学校長等への質問紙調査	2011年（1964年の第1回数学教育調査，1970年理科，1981年数学，1983年理科，TIMSSと改称以降は，1995年，1999年，2003年，2007年），児童（72分）生徒（90分）への算数・数学及び理科の「（選択式及び記述式）問題」及び質問紙調査（約30分），学校長等への質問紙調査
調査対象者	義務教育修了段階の15歳児(日本では，高校1年生，全国の191校（学科），約6,400人の生徒が参加）	第4学年生（日本では小学4年生：149校，約4,400人が参加） 第8学年生（日本では中学2年生：138校，約4,400人が参加）
調査項目	2012年調査では数学的リテラシーを中心分野として，読解力，科学的リテラシーの3分野を調査。国際オプションとしてコンピュータ使用型調査（問題解決能力含む）も実施。	算数・数学と理科を実施。内容領域：学校で学ぶ教科内容（代数，図形など）と認知的領域：内容に取り組んでいる時に示すと期待される行動（知ること，応用すること，推論すること）から構成。
調査内容	知識や技能を，実生活の様々な場面で直面する課題にどの程度活用できるかを評価。特定の学校カリキュラムをどれだけ習得しているかをみるものではない	初等中等教育段階における児童生徒の算数・数学および理科の教育到達度。学校のカリキュラムで学んだ知識や技能等がどの程度習得されているかを評価。

（※）PISA: Programme for International Student Assessment
　　　TIMSS: Trends in International Mathematics and Science Study

≪PISA2012調査結果特徴：文科省まとめ≫
○数学的リテラシー，読解力，科学的リテラシーの三分野すべてにおいて，平均得点が比較可能な調査回以降，最も高くなっている。
　また習熟度レベル別でも，2009年調査から引き続き，レベル1以下の下位層の割合が減少し，レベル5以上の上位層の割合が増加している。
・数学的リテラシーは，平均得点が低下した2006年に比べ，有意に上昇。
・読解力は2009年に引き続き，平均得点が有意に上昇
・科学的リテラシーは比較可能な2006年に比べ，平均得点が有意に上昇
・数学に対する興味・関心を持つ生徒や数学の有用性を感じる生徒の割合は，2003年に比べると有意に増加

≪TIMSS2011調査結果特徴：文科省まとめ≫
○小学校では，各教科とも前回調査に比べ，平均得点が有意に上昇するとともに，習熟度の低い児童の割合が減少し，習熟度の高い児童の割合が増加。
○中学校では，各教科とも平均得点は前回調査と同程度だが，習熟度の高い生徒の割合が増加。
○算数・数学，理科に対する意識について，
・「勉強が楽しい」と回答した小学生，中学生の割合は，前回調査と比べ増加しており，特に，小学生の理科は前回調査に引き続き，国際平均を上回っている。一方，中学生は数学，理科ともに前回調査に続き，国際平均よりも低い。
・「希望する仕事につくために数学，理科で良い成績をとる必要がある」と回答した中学生の割合は，前回調査と比べ増加しているが，国際平均よりも低い。
・小学生の約8割，中学生の約7割が，算数・数学，理科の授業において「私の先生はわかりやすい」と回答。
　（2011年新規項目）

第1章 子どもの学力と人格形成　7

図表1-2-1　PISA2012調査における質問紙調査結果の一部

質問例（4件法で回答）		肯定的回答（「全くその通り」＋「その通り」）の割合（％）				
		日本	韓国	イギリス	フィンランド	OECD平均
興味・関心や楽しみ	数学についての本を読むのが好き	16.9	27.2	34.0	21.0	30.0
	数学で学ぶ内容に興味がある	37.8	47.2	56.5	44.3	52.9
道具的動機づけ	将来つきたい仕事に役立ちそうだから，数学はがんばる価値がある	56.5	59.3	88.0	73.2	74.3
	将来の仕事の可能性を拡げてくれるから，数学は学びがいがある	51.6	63.1	90.8	85.4	77.3
自己効力感	新聞に掲載されたグラフを理解する	54.0	71.8	84.3	59.4	79.1
	$3X+5=17$という等式を解く	90.6	81.5	86.8	83.7	84.8
自己概念	数学はすぐわかる	25.9	33.8	57.6	56.6	51.3
	数学の授業ではどんな難しい問題でも理解できる	12.8	21.1	48.6	43.5	36.9
不安	数学の授業についていけないのではないかとよく心配になる	70.4	76.9	47.3	51.7	59.3
	数学の宿題をやるとなると，とても気が重くなる	55.5	31.6	28.2	10.0	32.4

（※）国立教育政策研究所編『生きるための知識と技能5，PISA2012年調査国際結果報告書』
（明石書店，2013年12月）より筆者〔山﨑〕作成

図表1-2-2　TIMSS2011調査における質問紙調査結果の一部

質問例（4件法で回答）		肯定的回答（「強くそう思う」のみ）の割合（％）数字は，上段：小4，下段：中2				
		日本	韓国	イングランド	フィンランド	国際平均
楽しい・好き	算数・数学の勉強は楽しい	29.2 13.3	26.2 10.3	49.9 18.2	33.8 10.3	57.8 33.1
	私は算数・数学が好きだ	31.1 12.7	27.9 9.9	51.5 17.9	37.1 11.5	58.7 32.2
自信	わたしは算数が苦手だ	16.9	6.2	9.5	10.8	13.9
	数学は私の得意な教科ではない	33.1 20.2		23.8	29.2	23.2
価値づけ（中2のみ調査）	将来，自分が望む仕事につくために数学で良い成績をとる必要がある	22.7	29.5	55.7	21.3	53.7
	数学を勉強すると，日常生活に役立つ	23.1	13.7	61.0	28.0	58.7
	数学を使うことが含まれる職業につきたい	4.3	4.6	13.3	5.8	21.9
わかりやすさ	私の先生はわかりやすい	43.8 19.4	40.3 9.6	63.8 43.7	54.0 29.4	64.8 43.7

（※）国立教育政策研究所編『TIMSS2011年算数・数学教育の国際比較　国際数学・理科教育動向調査の2011年調査報告書』（明石書店，2013年8月）より筆者〔山﨑〕作成

を実感する間もなく暗記的な学習がどんどん進んでしまっているのである。

　数年前に話題となったアニメ映画「おもひでぽろぽろ」の中の一シーンはそのような実態を象徴的に描いたものとして印象深かった。少女時代の主人公タエ子ちゃんが，分数の計算試験で25点をとってしまい，お母さんに叱られ，ヤエ子お姉ちゃんに教えてもらうことになった場面だった。ヤエ子お姉ちゃんはまず「九九を言ってごらん」と切り出すが，タエ子ちゃんが投げ掛けたのは「分数を分数で割るって，どういうことなの？ 3分の2個のリンゴを4分の1で割るなんて，どういうことか，全然，想像できないんだもの」という疑問だった。ヤエ子お姉ちゃんは説明に困ってしまって「とにかく，分数の掛け算はそのまま，割り算はひっくりかえすって覚えればいいのよ」と声を荒げてしまうのだった。

　いま，学校の中でそういうような教え方をしていることは，ほとんどありえないと思うし，教科書ももう少し丁寧な説明記述がされている。しかし多くの者たちが自らの学習体験を振り返るとき，そのようなシーンに共感することもまた事実であるように，結果として意味や理屈が抜け落ちたままで，ある公式や解き方のみが頭の中に詰め込まれてしまっている。そういう学習体験実態の中で，ある大学生から「『数学』とは私の中では暗記であった。でもおそらく私だけではない。同じような問題を何度もやれば，『やり方』がわかって，こういう問題はこうやって式を立てて解けばよいということをマスターしていただけだった。数学はできるけれども嫌いな子は多い。自分の生活に生きてこない。数学は一番成績がよかったけれども，いつも『空回りしているなあ』と感じていた」という声があがってきた。このような声は，受験競争を戦い抜けてきた多くの子ども・青年たちの共通の思いなのではないだろうか。

　そのような実態こそ，非常に象徴的な言い方ではあるが，「意味や理屈の抜け落ちた学習」という表現で特徴づけることができ，その所産としての「日本型高学力」があるといえるのではないだろうか。

楽しさや喜びの抜け落ちた学習：その所産としての「苦役的学習観」　　特

徴の2つ目は,「楽しさや喜びの抜け落ちた学習」という点である。この点に関して,かつて筆者自身が高校生と大学生に実施した「学ぶということ」に関するイメージとその理由を問うた調査結果は印象的であった。

例えば大学生では,「学ぶということ」は,「まるで山登りのようだ：なぜならば,険しい道も登りきったら爽快だから」とか,「マラソンのようだ：苦しい時もあり,楽しい時もある。またなかなかゴールが見えない。だけど達成したときの充実感,満足感は格別だから」,あるいは「迷路のようだ：やる気があって,がんばってがんばって進めばゴールが見えるかもしれない」というものが多かった。いずれも学ぶことの苦しさを訴えながらも,大学入学というゴールに達した後の思いを吐露しているといえよう。

しかし,いまげんに受験勉強の渦中にいる高校生のものには,そのような達成感は未だ感じることができないために苦しさと虚しさばかりが読み取れるものであった。例えば「学ぶということ」は,「まるで通勤ラッシュのようだ：なぜならば,もういっぱいいっぱいなのに,まだどんどんと入ってこようとするから」とか,「コピー機のようだ：その時だけ写し取ってできても,コピーし終わった後,そのコピー機に情報が残らないように,頭に記憶が深く残らないですぐ忘れてしまうから」とか,あるいは「底なし沼のようだ：いくら学んでも尽きないうえに,苦痛だからだ」というものであった。

現代の高校生の「嘆歌」,嘆きの歌というものを集めた本が出ている。それは福島県の高校生の歌だそうだが,「一時間眠りもせずにじっとして終わりのベルを待つのも勉強」「俺だってツッパリたくもなりますよ一二年間わからぬ勉強」というような短歌が詠まれている。この「一時間眠りもせずにじっとして終わりのベルを待つのも勉強」と詠んだ高校生にとって,仮に数学の授業といえどもそこでは実は数学を学習していたのではなくて忍耐力を学習していたのではなかったのか。今日,そのような珍現象が生まれているのではないかとも思えるのである。あるいはまたかつて『朝日新聞』(1993年5月7日) に載り印象に残っているある高校生の投書の言葉,「どうしても腑に落ちないことが残るのです。それは,なぜ,教育を受けるというの

は，こんなにもつらく，焦燥にかられるものなのかということです」という言葉に象徴されるような，今日の学校教育における「楽しさや喜びの抜け落ちた学習」の実態とその所産としての「苦役的学習観」とがあるのではないだろうか。

2 「学力」論の諸相：その混乱と課題

「学校知」の２つの特性　「学校知（school knowledge）」という用語は，本来，学校で教えられる知識が，中立性を装いながらも，実は階層・人種・性などの社会的利害を反映している点を指摘する象徴的な言葉である。

しかし，近年，学校における学習で獲得される知というものを「学校知」と呼んで，その実体を批判的にとらえようとしている論議が高まってきている。

つまり学校における学習の中で獲得される「学力」は，一生懸命努力して獲得したとしても，学校の中だけでしか役立たないような力にすぎないのではないか。簡単に言ってしまえばそのような獲得された「学力」と「知のありよう」を「学校知」と呼ぼうとしているわけなのである。その「学校知」と呼ばれているものに対し，駒林邦男（1995）は，「受験手段性，交換性」と「学校課題性，依存性」という特徴づけをしている。

例えば一万円札を仮に手に入れていたとしても，お腹が空いてそれを食べたとしても腹の足しにもならないなど，それ自体はほとんど何の役にも立たない，いわば「使用価値」がない。しかしそれを持ってスーパーなどに行き，自分の欲求を満たしてくれる一万円相当の必要なものと交換するやいなや多大な価値を生み出す。つまり「交換価値」を感じることができるのである。そういう意味では「学校知」も，それ自体は学習して獲得したにしてもほとんど何の役にも立たないが，しかしひとたび試験成績，入試合格，学歴などと交換するやいなや大きな価値が生まれ，その価値を実感できるわけである。そのような特性を「受験手段性，交換性」と特徴づけたのである。

もう1つの「学校課題性，依存性」という特徴は，次のような調査結果の一部を事例に語られている。小学6年生に，「1着58.5kgの洋服があります，これが4着あります，全部でなんkgでしょうか」という問題と「1.8cmのヒモと，0.5cmのヒモがあります，かけると，どれくらいになりますか」という2つの問題を提示し，それらに対する子どもたちの反応を聞いた。その結果，最初の問題に関しては，小学6年生39人中，82.1％，中学1年40人中，90.0％の子どもが「これは算数の勉強の時間につくった問題だから，ほんとうにはない58.5kgの洋服でも，おかしくない」という選択肢を選んだという。同じように後者の問題についても「これは1.8×0.5で答えがだせるから，おかしな問題ではない」という選択肢を，小学生で48.7％，中学生で30.0％の子どもたちが選んだという。つまりそれをうまく解決したとしても本来何の意味もない課題，学習者にとっては内発的な興味をひくものでもないし，それを解いたことが他の人々に役立つといった社会的意義を感じることもできないようなものに学習課題が歪められている。子どもたちも，本当にそんなことがあると信じてはいないものの，しかし「これは算数の問題だからおかしくない」というふうに割り切って問題の解答に向かうというところに「学校知」の「学校課題性，依存性」という特徴が象徴的に表れているというのである。

「学力低下」論議　冒頭に紹介した2つの国際教育調査結果の特徴は，過去の調査結果からも指摘されていたことであり，特に1990年代中頃に実施されたTIMSS調査結果について，「学校での学習を，試験勉強のための知識としかとらえていない。学問への興味や関心が失われており，ある種の学力低下のサインだ」とのコメントが日本数学会元理事長からも寄せられていた（『読売新聞』1999年12月8日付）。1990年代末から，次第に大学生の「学力低下」と「学習意欲低下」を指摘する声が大きくなっていったのである。

文部省「大学教育への適応についての調査」結果によれば，入った大学で7割近い新入生は「理解困難な科目がある」と感じ，そのうち6割以上はその原因を自分の学力不足と考えていること，また大学教育に対しては「自分

のやる気にかかっている」との答えが目立つ一方で，大学教員側の授業に対する無配慮を指摘する声も多かった（『内外教育』1999年2月9日付）。予備校系の調査機関などの調査結果では，7割の大学・短大で新入生の基礎学力低下が問題になり，3割の学校は「補習」を実施するようになった（『朝日新聞』1999年5月26日付）。ある大学では今春の新入生から「やる気」「能力」別のクラス編成を実施したと報道された（同4月19日付）。あるいはまた，大学入試センターが全国立大学学部長に実施した調査結果では，ここ数年の新入生の学力について51.2％の学部長が「低下している」と答え，その具体的内容として「自主的・主体的に課題に取り組む意欲が低い」（84.8％），「論理的に思考し表現する力が弱い」（77.3％），「必要な基礎科目の理解が不十分」（47.9％）等が指摘されるまでになった（同5月24日付）。

このような大学生の「学力低下」問題をはやくから指摘した苅谷剛彦（例えば「受験プレッシャーは増大したのか？」岡部恒治他編著『小数ができない大学生』東洋経済新報社，2000，に所収）は，高校生の学校外での学習時間が大幅に減少（平均値で1979年の1時間37分から1997年の1時間12分へと25分間の減少）し，そのことが学力低下につながっている可能性があること，その背景には少子化や大学入試制度の多様化などによる受験プレッシャーの減圧があること，さらに学校教育の「ゆとり」政策も絡んで学習時間の階層差が拡大し，階層間の学力差が増幅していることを指摘した。

「新しい学力観」と「生きる力」　もちろん学生だけを責めるのはあまりにも一方的であろう。大学教員の授業方法・内容の工夫のなさがあるだろうし，大学入試科目の削減や軽量化，あるいは入試制度の多様化の一環としての推薦制度の大幅な拡大などによって必要な高校教育科目を学習しないままに入学するということも影響しているからである。しかし，その大きな背景には，上述してきたような高校までの学校学習の実態などがあることは否めないのではないだろうか。

1989年の学習指導要領改訂によって，いわゆる「新しい学力観」が打ちだされ，「学力」に関しては知識・理解の認知面だけでなく関心・意欲・態度

といった情意面までも含み込み，「学力」の「基礎・基本」に関しても知識の内容面だけではなく一般的な思考力や問題解決力などまでも意味するとの見解が拡がっていった。そして，1998年の同上改訂では，「自ら学び考える力などの『生きる力』」を教育目標に据え，それをはぐくむ象徴的なものとして「総合的な学習の時間」を新設する方針を打ち出した。

　この「総合的な学習の時間」をめぐっては，現在，様々な実践と議論が生み出されつつあるが，それらを実りあるものとしていく前提として今一度「新しい学力観」をめぐっての総括的な再検討が必要であると考える。

　文部省は，1994年2月に「教育課程実施状況に関する総合調査研究」の一環として，全国の公立小学校第5，6学年の児童を対象に「平成5年度小学校ペーパーテスト調査（国語と算数）」を実施した。

　その問題内容は，一部しか公表されていないが，従来の「おなじみのパターン」問題だけでなく，考え方の過程や多様性を捉えようと努力したことがうかがえる問題も見受けられた。その一方で，次のような算数の問題に関しては，学校現場でのその受け止め方も含めて，大いなる疑問を残すものとなった。

「書店で三さつの本を買おうとしています。それぞれの本の値段は，2980円，2850円，2900円です。この三さつの本を，10000円で買うことができますか。／たか子さんとよしおさんは，次のようにして考えました。
　　たか子さんは，2980＋2850＋2900＝8730
　　よしおさんは，3000×3＝9000
　あなたは，たか子さんとよしおさんのどちらの考えが好きですか。そのわけも書きましょう。」（一部問題文を省略・まとめた）

　この問題の「どちらの考えが好きですか」という問いかけ自体もさることながら，この問題を評したある小学校長の認識にはさらに疑問を感ぜずには

いられなかった。

すなわち，その小学校長は，およそ次のように述べていた――。

3冊の本を1冊およそ3000円と見なして買えると答えた子どもは，「論理的に考えを進めることより，直感的なひらめきで物事を処理する傾向が強い」，「一見落ち着きがないが，生活力があり，活動的である」，いわば「ガキ大将」組の子どもたちである。それに対してこれまで算数ができると言われてきた子はおよそで答えを見当づけることをしないで，すぐ計算で処理しようとする。どちらの子どもたちに「数学的センス」があるかといえば，「ガキ大将」組の子どもに軍配を上げる，と。（『現代教育科学』1994年9月号）

確かにその小学校長も言っているように，従来の「算数」学力は，早さを競う計算力や解法テクニックの量を競う問題処理力のみに傾いたものであった。多くの場合，そのような「学力」が，受験算数・数学には有効であり，必要ともされてきたからである。そのような実態を打開し，克服していくためには，一体どのような方向を取れば良いのかという問題意識は上記の小学校長と共有しながらも，打開・克服の方向性の点で，大きな疑問を感ぜずにはいられなかったわけである。

なぜならば，上で見たような問題においては，「正確・厳密に計算する力」だけではなく，「見積もる力」とか「概算で処理する力」といったようなものの大切さが念頭に置かれているのではないかと推測されるが，本来一番大切なのは，「どのような状況・場面において，どちらの処理の仕方が有益なのか，どちらを選択すべきなのか」，その主体的判断なのではないだろうか。いかなる状況・場面にもかかわらず，いつもいつも細かく厳密に計算することしかできない（あるいはその逆である）とか，あるいは細かく厳密に計算しなければならない状況・場面に直面してもそれに対応する計算力がないとか，というようでは困る。

だから，最も大切なことは，「どちらの考えが好きですか」ということでもなければ，ましてや状況・場面にかかわらずいつでも概算を「好む」子の方が「数学的センスがあるのだ」ということでもないわけなのである。ここ

には，教科学習によって獲得されるべき「学力」の中身の誤解と混乱が見られるのである。

3　学力と人格：その一元論的把握の必要性

「いじめ」と「学級崩壊」の学校状況下で　学校での子ども社会において，相変わらず「いじめ」とそれを苦にした自殺は後を絶たない。加えて最近では，「学級崩壊」という言葉に象徴される現象が目立つようになり，小学校低学年からもはや授業そのものが成り立たないような状況が生まれてきている。

子どもたちの心の中に蓄積されてきた「イライラ」と「ムカツキ」がここに来て一気に爆発してきたかのようでもある。若い教師たちのみならず，教職歴の長いベテラン教師たちもそれまでの実践経験がほとんど通用せず，どのように対処したらよいのかわからず困惑の中に投げ込まれてしまっている。

そのような学校状況に直面し，「心の教育」の重要性が語られ，学習面においても「生きる力」を育むことが重視されてきている。教育課程の改定でも，「総合的な学習の時間」が打ち出され，体験的で問題解決的な学習方法と現実生活と結びついた学習内容の提起が行われてきており，多くの学校現場の関心も一気にそちらの方向に向い始めているかのようである。

しかし上述したように，学校生活の約8割を占める教科学習において，「なるほどここはこういうことを意味しているのか」とか，「そうかこのやり方はこういう理屈だったのか」とか，そういうことを実感する間もなく暗記的な学習がどんどん進んでしまって，問題が解けても「わかった」という思いも持てずに「空回り」感ばかりが膨らんでいく。また，子どもたちにとって「辛く苦しい」，「学ぶ意味も感じられない」，いわば「苦役」となっている。この現実問題を素通りして，「心の教育」を語り，「生きる力」を育み，そして「総合的な学習の時間」を構想することなどできようはずもない。そ

ういう意味では，わかる喜びや学ぶ楽しさを実感できる学習体験こそが，自分でも押さえることのできない「イライラ」や「ムカツキ」を癒し，自分の周囲の人々や社会・自然の現象に思いをはせる心を育成していく根っ子のところに位置している。

「学力」形成と「人格」形成との乖離　社会科で「フランス人権宣言」や「日本国憲法」を教材として「人権」ということを学んでも，その授業終了のチャイムが鳴り，休み時間に入った途端に学級内でいじめが起こるという実態を目の当たりにした時，教師は言い知れぬ虚しさに襲われる。「いま私の行った授業は一体どんな意味があったのか」と。そこには，「学力」形成と「人格」形成との乖離という深刻な問題があらわになっている。

島崎隆は，出来上がった知識を算出する思考のあり方としての「知」には「技術知」と「思想知」の2種類があると述べている。前者が「道具としての知」であり，その場合の知識はその所有者であるはずの「〈私〉とは別のもの」であり，「知識の直線的拡大」が目指されるものであるのに対して，後者は「〈私〉の人格の中心」にあって，「〈私〉の生き方を支えたり，歪めたりするものである」としている。そして後者のような「知識がたえず〈私〉に反映するような知のあり方が重要」であり，そのような「思想知」としてのありようは，「世界の認識が絶えず自分の認識（自己認識，自覚）へと還帰する性質」を持ち，「〈私〉の問題意識から発した知識が，対象からさらに再び〈私〉へというように，円環的に帰ってくる」，すなわち「自然界と社会についての客観的知識」が，「ここにこうして立っている〈私〉という存在の主体的自覚へと転化」するものととらえられている。（仲本章夫編著『認識・知識・意識』創風社，1992年，所収論文参照。）

上で一例としてあげた社会科学習に象徴されているように，現代の学校における学びのほとんどが，「技術知」としての学びに終始している今日的状況があるのではないだろうか。本来の学習行為（学校においてはその主要なものとしての教科学習）は，周囲に存在している自然や社会の世界を認識するという活動を通して，その結果として，新しい見方や考え方のできるよう

になった自分自身に気づき，目の前に今までとは違った姿として現れてくる自然や社会の世界に出会うことである。そのことがまた，学ぶということの楽しさや喜びをもたらすのであるといえよう。その両者をつなぐ回路を創り上げることが授業づくりであり，それは単純でもないし，一様でもないであろう。

「対象の認識」を活動の核とした一元論的把握　いま，「日本型高学力」と「苦役的学習観」からの脱皮を求めて様々な教育改革と授業改善が試み始められようとしている。とりわけ，「生活科」や「総合的な学習の時間」の創造，あるいは各教科における学習内容や形態の抜本的な改善など，「活動」や「体験」などを大胆に取り入れたものが多くなってきている。そしてその際に常に問われることは，「活動しっぱなしではないか」や「体験が物事の確かな認識に結びついていかない」という問題である。

「いろいろな形の活動的な仕事を学校へと導入する」ことによって旧来の学校生活全体の転換を図ろうとしたデューイ（Dewey, J.）も，主著『学校と社会』(1899)において，様々な「仕事（occupation）」を中心にして学校での授業が構想されなければならないことを説いているが，その彼が提起した校舎の概念図には，四隅の作業室等を結ぶ中心に図書室が位置づけられている。そしてそのことの意味を次のように述べている。

　「それ〔教室——引用者〕は，子どもたちが，経験したことや問題や疑問や自分たちが見つけだした具体的な事実やらをもちこんでくる場所であり，また，それについて議論がなされ，その結果，それらに対して，新しい光が，とりわけ，他の人々の経験，積み上げられた世界中の知恵——図書室に象徴されているものであるが——というものからの新しい光が投げかけられる場所なのである。」

子どもたちが取り組む活動や経験と「他の人々の経験，積み上げられた世界中の知恵というものからの新しい光」とが，どのように結び付いていくのか，あるいは逆にその「新しい光」に子どもたちの目を見開かせていくにはどのような活動や経験が授業・学校に持ち込まれるべきなのか，まずこの点

での集団的な検討が必要であることを，デューイのこの言葉から読み取らなければならない。

　小学校から大学まで，学ぶということの本質は同じであろう。少なくとも，学ぼうとする対象の認識ということを素通りした活動や体験，対象の認識ということが抜け落ちた活動や体験からは，一般的な「思考力」や「問題解決力」，あるいは「関心・意欲・態度」や「生きる力」，さらには「心の教育」や「人格形成」さえも生みだしえないし，学校や授業に対する信頼もまた回復しえないのではないだろうか。

【参考基本図書】
・国立教育政策研究所編『生きるための知識と技能5：OECD生徒の学習到達度調査（PISA）2012年調査国際結果報告書』（明石書店，2013）
・国立教育政策研究所編『TIMSS2011 算数・数学（理科）教育の国際比較：国際数学・理科教育動向調査の2011年調査報告書』（明石書店，2013）
・田中耕治編著『新しい学力テストを読み解く─PISA／TIMSS／全国学力・学習状況調査─』（日本標準，2008）
・荒井克弘・倉元直樹編著『全国学力調査　日米比較研究』（金子書房，2008）
・駒林邦男『現代社会の学力（改訂版）』（放送大学教育振興会，1999）
・苅谷剛彦『学力と階層』（朝日新聞出版，2008）
・オッリペッカ・ヘイノネン＋佐藤学『「学力世界一」がもたらすもの』（NHK出版，2007）
・日本教育方法学会編『教育方法36　リテラシーと授業改善：PISAを契機とした現代リテラシー教育の探究』（図書文化，2007），同編『教育方法37　現代カリキュラム研究と教育方法学：新学習指導要領・PISA型学力を問う』（図書文化，2008）
・ドミニク・S・ライチェン，ローラ・H・サルガニク編著（立田慶裕監訳）『キー・コンピテンシー：国際標準の学力をめざして』（明石書店，2006）
・TIMSS調査及びPISA調査，全国一斉学力テストの問題例や結果については，文科省及び国立教育政策研究所のホームページや出版物などを参照。

【コラム1：教育の基礎概念】

　教育という営みを，教育学という学問領域で，あるいは教育関係者の間で語るとき，頻繁に用いられるいくつかの基礎用語がある。それは日常生活においてはあまり使用されないもの，日常生活でも使用されるが意味合いが異なるもの，あるいは日常生活でよく使われているがその正確な意味は理解されていないものなどがある。

1.「陶冶（とうや）」と「訓育（くんいく）」

　「教育」という営みが人間生活全体にわたって営まれているものであるとするならば，その内実を成している基本的機能は，知識や技能等の習得をめざした働きである「陶冶」と，道徳性や社会的態度等の発達をめざした働きである「訓育」との両面がある。この両面の統一的調和的な働きが行われて，教育の最終的な目的である人格形成が実現しうるのである。

　さらに「陶冶」は，具体的な文化内容の習得を指すものとして「実質陶冶」，具体的な文化内容とは区別された一般的な知的精神的諸能力の習得を指す「形式陶冶」とに分けて用いられる場合がある。「形式陶冶」は一般的能力の領域を越えた「転移」性を前提としている。

2.「基礎・基本」と「基礎学力」

　「基礎・基本」と「基礎学力」という用語は，日常頻繁に使われるにもかかわらず多義的な概念を含んでいて，会話の途中で互いが全く異なった意味合いで使用されていることに気づくことがしばしばある。

　例えば，読み書き算の3R's（スリー・アールズ）のようなすべての学習の基礎となるようなものを意味する場合，各教科の学習において核心部分となるような概念や法則を意味する場合，教科の枠を越えて次代を担う子どもたちが共通に獲得すべき内容を意味する場合，あるいは思考力や判断力，関心や意欲なども含んで学力全体の基礎的部分を意味する場合など，多様である。

　現代日本の公教育が保証すべき学力とそのための教育内容はいかにあるべきか，といった観点からの議論と措定，そのことの合意形成とが必要であろう。

3. 潜在的カリキュラムとジェンダー

「教育課程」は「一定の教育目的・目標を達成するために，人類が蓄積してきた文化遺産の中から児童・生徒の発達に即して選択され構造化されたものそれ自体と，それを教師の指導のもとで組織的・計画的に児童・生徒が学んでいくプロセスとを総称したもの」と捉えることができるが，児童・生徒が発達していくにあたって学習するものの中には，「一定の教育目的・目標を達成する」ことは必ずしも念頭には置かれていない，「教師の指導のもと」から離れた，「組織的・計画的に」学ばれるものでもない経験内容が存在する。しかもそれは，学校以外の場＝家庭や地域においても学習されているものなのである。

このように「教育課程」概念を生徒の発達過程において学習される経験内容の総体というように広義に理解しようとするならば，学校教育におけるもう1つのカリキュラムである「潜在的（hidden or latent）カリキュラム」というものが見えてくる。つまり，日常私たちが使用するところの狭義の「教育課程」を「顕在的（manifest or official）カリキュラム」と呼ぶならば，その対比概念として「潜在的カリキュラム」と呼びうる，生徒が日常の学校生活の中で学習している内容領域が浮かび上がってくる。それは，人種や階層に固有な文化価値・言語・習慣などであったり，学校や学級内における価値的風土や雰囲気であったり，あるいは学習活動において無意識の内に獲得される「学び方（方法知）」であったりする。

教育課程を「ジェンダー（gender）：社会的文化的に形成された性別」の視点から捉え直したとき，技術・家庭科の男女別履修は「将来，男子は社会に出て働き，女子は家庭に入る」という「性役割分業」意識を生徒たちに植え付けていくことになり，また児童生徒名簿の男女別男性優先の記載の仕方は男性中心社会の意識形成をもたらしていくことになりはしないか，といった問題が浮かび上がってくるのである。既に1979年に女子差別撤廃条約が国連で採択され，1989年版学習指導要領では男女別履修規定が撤廃されているが，履修の仕方だけではなく学習内容や教科書（写真・絵なども含む）の，学校で使われる物や文化の，ジェンダーの視点からの点検がさらに必要である。

【参考基本図書】河野銀子他編『教育社会とジェンダー』（学文社，2014）

第2章　教育課程の構造と編成

　学校の世界で日常用語となっているこの「教育課程」という用語は，英語の「カリキュラム（curriculum）」の訳語とされており，さらにその語源をたどるとラテン語の「クレーレ（currere＝本来〈走ること〉とか〈競技場のレース・コース〉の意）にたどり着く。この「教育課程」という用語の使用例を過去および現在にわたって見渡してみても，その意味しているところの内容は，必ずしも一義的ではないのが実態である。しかし，まずは一応，一定の教育目的・目標を達成するために，人類が蓄積してきた文化遺産の中から児童・生徒の発達に即して選択され構造化されたもの（例えば各教科の「教育内容」など）それ自体と，それを教師の指導のもとで組織的・計画的に児童・生徒が学んでいくプロセス（例えば年間指導計画や授業時数，週時間割表など）とを総称したもの，ととらえておきたい。そして現在の日本の小・中・高等学校において，それらの意味を有した教育課程は，文部省の作成する文書である「学習指導要領」（これは英語の「コース・オブ・スタディ（course of study）」にあたるものとされている）なるものによって規定されているのであるが，第二次大戦後の1947（昭和22）年に最初のものがだされて以来，2008年の改訂に至るまで，大きくは7回にわたる改訂が実施されてきており（図表2-1参照），その度ごとに教育課程の構造と編成をめぐる議論が交わされてきている。

　本章では，まず現在の教育課程の基本構造（第1節）を把握し，その教育課程の第二次大戦後日本における変遷（第2節）について論及していく。

図表2-1　戦後の学習指導要領の特徴

1947（昭和22）年（小・中47年，高48年実施，49年一部改訂）
1．教育目標の民主主義的な転換（憲法＝教育基本法体制の確立） 2．教育の出発点は児童の現実であるとの認識（第2章　児童の生活） 3．学習指導法における「児童中心主義」 4．「手びきとして書かれたもの」との性格づけ（「試案」の添付） 5．「修身」「地理」「歴史」の廃止と「社会科」「自由研究」「家庭科(小)，職業科(中)」の設置
1951（昭和26）年（小・中・高ともに51年実施，小55年，中56年「社会科編」改訂）
1．「自由研究」の廃止（49年通達）と「教科以外の活動」（小）および「特別教育活動」（中・高）領域の設置によって「教科課程」から「教育課程」へ 2．「手びき書」的性格づけの発展：「学習指導要領に示されたものよりも，いっそうすぐれた指導計画や指導法を教師が発展させることを希望したい」 3．「経験の組織が教科である」教科観 4．4つの経験領域にわけるとともに2つの学年ごとまとめて時間割合配当（小），授業時数の弾力的表示（中）
1958（昭和33）年（小61年，中62年実施，高60年改訂，63年実施）
1．教育政策の「逆コース期」が背景 2．国家基準の性格明確化（「試案」の2文字削除）と法的拘束力の強化（官報告示） 3．特設「道徳」（高はなし）と「学校行事等」領域の設置（3章構成4領域構造） 4．授業時数の法令化と弾力的表示の後退 5．内容編成における「系統」の重視と基礎学力の充実方針（国・算の時数増）
1968（昭和43）・69・70年（小71年，中72年，高73年実施）
1．高度経済成長政策・人的能力（マンパワー）開発論が背景 2．「特別教育活動」から「学校行事」を組み入れた「特別活動」へ 3．教科内容の「現代化」（例：小学校算数に「集合」「関数」の導入） 4．高校のコース制，多様化の推進 5．「愛国心」教育の推進（1966年中央教育審議会「期待される人間像」）
1977（昭和52）年（小80年，中81年，高78年改訂，82年実施）
1．「低成長」時代への移行と多くの学業不振児「落ちこぼれ」の発生が背景 2．教科内容の「現代化」から「人間化」へ 3．「ゆとりと充実」：授業時数の削減，内容の精選，「合科的指導」（小1・2） 4．「日の丸」「君が代」の国旗・国歌扱い（法制化は1999年）
1989（平成元）年（小92年，中93年，高94年実施）
1．生涯学習社会，情報化社会の進展が背景 2．「社会の変化に主体的に対応できる能力の育成」「学ぶ意欲を高める」を重視：「新しい学力観」，評価方法の変化（「関心・意欲・態度」の強調） 3．小学校低学年へ「生活科」導入（理科と社会科の統廃合），中学校に「習熟度別指導」と「選択制拡大」の導入，高校の「社会科」解体（「地歴科」と「公民科」新設） 4．入学式・卒業式で「日の丸」掲揚，「君が代」斉唱の指導強化
1998（平成10）年（幼2000年，小・中2002年，高2003年実施）
1．完全学校週五日制への対応，その下で「生きる力」を育むことを目標とする 2．教育内容の「厳選」：授業時数を週当り2単位時間縮減，内容を約3割削減 3．「総合的な学習の時間」の新設（小3年以上：週3時間程度，中：週2〜4時間，高：卒業までに3〜6単位） 4．中学校の選択教科も時数・内容の拡大：約6分の1の時数が選択教科，開設する教科の種類や内容は各学校が生徒の特性等に応じて自由に決定 5．体験的な学習，問題解決的な学習を重視：自ら学び自ら考える力を育てる 6．中・高校で外国語を必修，小学校は「総合的な学習の時間」内で情報教育の重視（中：技術・家庭科，高校：情報科目），中・高校のクラブ活動の廃止

2008（平成20）年：幼・小・中，2009（平成21）年：特別支援・高
1．教育基本法及び学校教育法の「改正」を受けての改訂
2．授業時間数と学習内容量の増加（いわゆる「ゆとり教育」路線からの転換）
   小（総時間数）：5367→5645，中（同）：2940→3045，「総合的学習」の時間数減
3．小学校5・6年に「外国語活動」導入，中学校の「選択教科」の授業時数未明記
   理数教育の充実，「はどめ規定（詳細な事項は扱わない等）」原則削除
4．知識・技能を活用して課題を解決するための思考力，判断力，表現力等の育成
   言語活動の充実，学習習慣の確立
5．道徳教育の重視：「伝統と文化を継承・発展」「公共の精神を尊び」を基調
   （2015年3月，「特別の教科　道徳」となり教科となる）

1　教育課程の基本構造

　2006年12月の「改正」教育基本法の特徴の一つに，「教育の目標」が5項目にわたって新たに明記されたことがある。旧教育基本法では「第一条（教育の目的）」を達成するために基本方針が「第二条（教育の方針）」として簡潔に記されていたにすぎなかったが，「改正」教育基本法では「第二条（教育の目標）」と改められ，そこに「態度目標」的性格の5項目が明記されたのである。「目的を実現するため，学問の自由を尊重しつつ」という精神は旧法から引き継ぎながらも，改正過程で政治的な注目を浴び論議を呼んだ「伝統と文化を尊重する」「我が国と郷土を愛する」「国際社会の平和と発展に寄与する」という文言が入ったものとなっている。そしてこの教育基本法「改正」の趣旨にもとづいて，2007年6月に学校教育法も「一部改正」され，新たに義務教育の目標が定められるとともに（第二十一条），幼稚園から大学までの各学校種の目的・目標の見直しが行われたのである。そこにも「伝統と文化を尊重し，それらをはぐくんできた我が国と郷土を愛する態度を養うとともに，進んで外国の文化の理解を通じて，他国を尊重し，国際社会の平和と発展に寄与する態度を養う」との文言が新たに加えられたのである（いずれも巻末資料参照）。2008年改訂学習指導要領は，上述のような教育基本法及び学校教育法の変化を背景に打ち出されたものであり，「第1章　総則，第1　教育課程の一般方針」部分においては，道徳教育の目標として「伝統と文化を尊重し，それらをはぐくんできた我が国と郷土を愛し」「公共の精

神を尊び」といった文言が新たに付け加えられている。

　2008年改訂学習指導要領においては，小・中・高ともに「総則」を共通に含め，小学校の場合，「各教科：国語，社会，算数，理科，生活，音楽，図画工作，家庭，体育」，「道徳」，「外国語活動」，「総合的な学習の時間」，「特別活動」を加えた6章，中学校の場合は，「各教科：国語，社会，数学，理科，音楽，美術，保健体育，技術・家庭，外国語」，「道徳」，「総合的な学習の時間」，「特別活動」を加えた5章，そして高等学校の場合は，「普通教育に関する各教科：(略)」，「専門教育に関する各教科：(略)」，「特別活動」を加えた4章で，それぞれ構成されている。幼稚園教育要領の場合は，「ねらい及び内容：健康，人間関係，環境，言葉，表現」，「指導計画および教育課程に係る教育時間終了後等に行う教育活動などの留意事項」の3章構成である。(小・中・高校それぞれの時間数等配当に関しては資料編を参照されたい。)
第二次大戦後最初の1947年版学習指導要領の構成は「教科」のみから出発した。その後，時代とともに「教科外活動（特別活動）」「道徳」「総合的な学習の時間」が加わり，そして小学校において「外国語活動（5・6年生）」が新たに加わってきて，基本構造は次第に複雑になってきている。その一方で，2008年改訂学習指導要領では，中学校の「選択教科」は，開設できるとしながらも，それに充てる授業時数は明記されなくなった。

　「各教科」　幼・小・中・高等学校で幼児・児童・生徒が学習する内容・教科は，学校教育法施行規則（1947年）によって規定されている（幼：第38条，小：第50条，中：第72条，高：第83条）。例えば中学校の場合は，現在，国・社・数・理・音・美・保体・技家・外国語の必修教科と選択教科から構成されている。

　ところで，この「教科」とは，そもそも何を目的として，どこで前掲のような9つ（中学校の場合：外国語を含めて）が規定されているのであろうか。なぜ，そのように分けられ，その必然的な根拠はいかなるところにあるのであろうか。私たちは，そのような問いについてほとんど考えをめぐらすこともなく，高校までの学校生活において学習を行ってきたのが多くの場合であろう。

日本国憲法および教育基本法の理念にもとづいて学校教育に関する総合的な規定を行っている学校教育法（1947年）には，小学校から高校までの教育の目的として「普通教育」ということが明記されている（小：初等普通教育，中：中等普通教育，高：高等普通教育および専門教育）。この「**普通教育**」とは，一般に2つの意味内容を含んでいるといわれている。その1つは，「general education」ともいうべき意味内容で，教育の内容が非実利的かつ全体的・総合的，すなわち特定の職業に向けた準備教育ではない，その限りにおいては主権者として生活していく上で誰にとっても最低限必要な基礎的であり包括的である教育を意味している。と同時にもう1つは「universal education」ともいうべき意味内容で，教育の対象がすべての子どもたちであること，すなわち性別や親の職業別，あるいは社会的経済的地位の高低別によっては一切差別されることのない，その限りにおいては平等な教育を意味している。この「普通教育」の実施という教育目的のために前掲のような諸教科は設置されているといってよい（高校では「専門教育」が同時に目的とされているところから農業や工業などの実業的諸教科・科目が教育課程の中に位置づけられている）。

　このような理念にもとづいて学校教育法施行規則は，学校での教科・科目や授業時数・単位数を規定し，それらの具体的内容を「学習指導要領」で示しているのである。しかし，そのことをもってしても，未だなお，なぜ前掲のような9つに分けられ，いかなる根拠で設定されているのかの回答にはなっていない。そもそも第二次大戦後いく度かの改訂学習指導要領の教科規定もそのすべてにわたって同一ではないし，現在もまた，この「教科」のあり方をめぐって議論がある。

　「**特別の教科　道徳**」　2015年3月，学校教育法施行規則及び学習指導要領が一部「改正」され，「道徳」は「特別の教科　道徳」となった。同年4月からは移行措置期間に入ったが，一部または全部の実施も可能とされ，2018・19年度（小・中）から全面実施とされた。

　それまで一般の各教科と並んで週時間割表に明記され，他の諸教科と同様

に授業時間が割り当てられていた「道徳」。しかも私たちの学習体験においても，他の諸教科と同様に教科書のようなものを使い学習した「道徳」。それが，今回の改正によって戦後初めて「教科化」されたとのことを聞いて，あらためて今まで「道徳」は教科ではなかったことに気づかされた者も少なくないであろう。では，なぜ，いままで「各教科」という領域に入らずに「道徳」という別の独自の領域をなしていたのか，そしていま「特別の」という冠をかぶせられながらも教科化されたのであろうか。

　これまで「道徳」の時間に「教科書のようなものを使い学習した」と前述したが，この「教科書のようなもの」とは，いわゆる「副読本」と言われているものであって，「教科書」ではない。他の「各教科」の教科書の表紙をよくながめてみると「文部省検定済教科書」（これとは別に文部省著作の教科書もある）と明記してあるが，「道徳」の副読本にはそのような明記はなく「文部省学習指導要領準拠」などとだけ記されていた。それは，「道徳」が教科ではなかったため，検定教科書は無く，成績評価も無かったことを象徴している。しかし近年では，文科省が作成した道徳教育用教材『こころのノート』（2002年以降）と，その改訂版とも言える『私たちの道徳』（2014年以降）が，全国の小・中学校に無償で配布され（現在，文科省HPにも掲載），その活用状況についても点検調査されることも相まって，実質的な教科書として学校現場に導入されてきている。

　道徳教育は，その社会でおおむね合意されている基本的生活習慣や道徳的価値を教えることによって次代を担う子どもたちの人格形成に寄与していくものである。それゆえ，本来的には家庭教育での「しつけ」や個々人の価値観（宗教的政治的なものも含んで）形成の領域にも意図的無意図的に入りこんでくることが多く，そのことが学校（特に公教育の場としての学校）教育を不幸な事態にも追い込んできた数々の歴史をつくってきた。例えば，欧米の教育史上における特定の宗派と結びついた宗教教育をめぐる対立と論争，戦前の日本における天皇制国家イデオロギー教化の時間・場と化した「徳目主義的な修身教育」などがある。特に後者は，「修身科」という諸教科の中の

最上位におかれた（1880（明治13）年改正教育令）授業時間に，教育勅語などの内容を「徳目」として盛り込んだ国定教科書による教え込みによって天皇制絶対主義国家を担う臣民の育成が図られていたのである。この体制は敗戦とその後の修身科廃止によって民主主義的な転換が図られたのであるが，そのような歴史的反省の上に立って，戦後は道徳教育のための教科や授業時間は設けられず，1951（昭和26）年学習指導要領一般篇では「道徳教育は，その性質上，教育のある部分ではなく，教育の全体計画において計画的に実施される必要がある」と明記されたのである。その後，1958（昭和33）年の学習指導要領改訂の際にいわゆる特設「道徳」の時間が教育課程の中に設置されるようになり，2006（平成18）年の「改正」教育基本法における愛国心条項の規定付加を経て，さらに今回「教科化」されたのである。

　このような歴史的経緯を見てくると，現在もなお残っている学習指導要領上の「学校における道徳教育は，学校の教育活動全体を通じて行うもの」との文言は，学校教育全体を道徳教育主義化するということではなく，各教科や特別活動における教育活動がそれぞれの本来的な目的・役割を果たすことによって結果として道徳教育，広い意味では人格形成が全体として実現しうることを意味しているのだということを再度強調しておきたい。各教科への道徳的色彩の濃い教材の導入，学校行事等での「日の丸」「君が代」の指導強化と強制，そして今回の教科化に伴う検定教科書の作成と成績評価の実施など，そのこと自体の是非やその内容をめぐっての多いなる議論が必要である。

　特別活動　　この領域に属する教育活動としては，小学校の場合，(1) **学級活動**（中：学級活動，高：ホームルーム活動），(2) **児童会活動**（中：生徒会活動，高：生徒会活動），(3) **クラブ活動**（中及び高：1998年改訂から廃止），(4) **学校行事**（中：学校行事，高：学校行事）と細分化され，それぞれの内容が規定されている。2008年改訂では児童生徒の発達の段階に応じた体験活動が強調された。週時間割表には表れてこないが，日常の学校生活における児童会・各種委員会活動，学級内の係活動，学校図書館の利用や学校給食，保健や安全に関する指導，年間の予定に組み込まれている入学式や

卒業式，合唱会や遠足，修学旅行や奉仕活動に関する実施とその指導などは，皆この領域の活動として位置づけられているのである。

　これらの活動は，もちろん戦前の学校教育活動の中にも実質的には存在していたのであるが，正課内の活動領域としては位置づけられていなかった。また戦後最初の**1947（昭和22）年学習指導要領**においても**「選択科目の一つとしての自由研究」**が内容的に重なる活動領域としてあったにすぎなかった（それゆえ，まだ「教育課程」という用語はなく，「教科課程」ないしは「学科課程」とされていた）。この教科としての「自由研究」は，「児童の個性の赴くところに従って，それを伸ばして行くことに，この時間を用いて行きたい」とされ，具体的には「児童が学年の区別を去って，同好のものが集まって，教師の指導とともに，上級生の指導もなされ，いっしょになって，その学習を進める組織，すなわち，クラブ組織をとって」の活動，「児童が学校や学級の全体に対して負うている責任〔当番や学級の委員としての仕事――引用者〕を果たすため」の時間，「児童や青年の自発的な活動のなされる余裕の時間として，個性の伸張に資し，教科の時間内では伸ばしがたい活動のため」の時間であるとの意義づけと活動内容が提起されたのである。

　しかし次の教育課程改訂（中学校は1949年，小学校は1951年）の際には，それらの活動は，教科とは区別された独自の領域として「特別教育活動」なる名称（これはアメリカの〈extra-curricular-activities〉の訳語であるとされている）の下に発展的に再組織し直されたのである（但し，小学校の場合は独自の時間数を割り当てられることのない「教科以外の活動」という位置づけ方であった）。その後図表2-2のような内容的変遷を経ていくのであるが，基本的には生徒の自主的自治的な活動を中心として組織され，教科での認識形成（例えば社会科などでの民主主義や基本的人権の思想と仕組みの学習）と結び付けながら，そのような実践的な取り組みと活動経験を通して主権者としての自治能力を育成していくことが本来的な目的であることに変わりない。そのように考えた時，1989年改訂学習指導要領において，それまでの学級会活動と学級指導とが統合され実質的に自主的自治的活動内容が縮小

第2章　教育課程の構造と編成　29

図表2-2　中学校の特別活動の変遷

改訂期目	1949年版	1951年版	1958年版	1969年版	1977年版	1989年版	1998年版	2008年版
特別活動の内容・構成	○運動 ○趣味 ○娯楽 ○ホーム活動 ○生徒会などの諸活動 ○社会的訓練活動	○ホームルーム（内容） ○生徒のもつ諸問題の解決 ○個人的・社会的な成長発達 ○職業選択（主な生活目標） ○個人としての成長を望みながら、さらに成長発達としての集団としての成長発達の指導を受ける機会をもつこと ○人権尊重の理想を生かし、責任や義務をみごとに果たし、また当然の権利はこれを主張する習慣と態度を養うこと ○よい社会生活における適応についての理解 ※学校行事（特別教育活動、学芸的、保健体育的行事、遠足、修学旅行、学校給食、その他） ○生徒会 ○クラブ活動 ○生徒集会	A生徒会活動 Bクラブ活動 C学級活動 ○学級としての諸問題の話し合いと処理 ○個人的・社会的な成長発達 ○レクリエーション ○心身の健康の保持 ○将来の進路の選択などに関する活動 ○自己の個性や家庭環境などについての理解 ○職業・上級学校についての理解 ○就職（家事・家業を含む）や進学についての知識 ○将来の適応についての知識	A生徒会活動 (1)生徒会活動 (2)クラブ活動 (3)学級活動 ○学級生活に関する諸問題の解決 ○学級内の仕事の分担処理 ○楽しく規律正しい学級生活を築くこと B学級指導 (1)個人的適応に関すること (2)集団生活への適応に関すること (3)学業生活に関すること (4)進路の選択に関すること (5)健康・安全に関すること (6)勤労・生産的行事	A生徒会活動 (1)学級会活動 ○学級生活における諸問題の解決を図る活動 ○学級内の仕事の分担処理する活動 ○楽しく規律正しい学級生活を築くための活動 (2)生徒会活動 (3)クラブ活動 B学校行事 (1)儀式的行事 (2)学芸的行事 (3)体育的行事 (4)旅行・集団宿泊行事 (5)保健・安全的行事 (6)勤労・生産的行事 C学級指導 (1)個人および集団の一員としてのあり方に関すること (2)学業生活の充実に関すること (3)進路の適切な選択に関すること (4)健康で安全な生活に関すること	A学級活動 ○学級や学校の生活の充実と向上に関すること ○個人及び社会の一員としての在り方、学業生活の充実及び安全に関すること ○学業生活の充実や将来の生き方と進路の適切な選択に関すること B生徒会活動 Cクラブ活動 D学校行事 (1)儀式的行事 (2)学芸的行事 (3)健康安全・体育的行事 (4)旅行・集団宿泊行事 (5)勤労生産・奉仕的行事	A学級活動 ○学級や学校の生活の充実と向上に関すること ○個人及び社会の一員としての在り方、学業生活の充実及び安全に関すること ○学業生活の充実や将来の生き方と進路の適切な選択に関すること B生徒会活動 C学校行事 (1)儀式的行事 (2)学芸的行事 (3)健康安全・体育的行事 (4)旅行・集団宿泊行事 (5)勤労生産・奉仕的行事	〔学級活動〕 (1)学級や学校の生活づくり (2)適応や成長及び健康安全 (3)学業と進路〔生徒会活動〕 〔学校行事〕 (1)儀式的行事 (2)文化的行事 (3)健康安全・体育的行事 (4)旅行・集団宿泊行事 (5)勤労生産・奉仕的行事 ※さらに、各活動領域毎に、目標を新たに規定した

	1974年版
	(1)教科の発展としての自由な学習 (2)クラブ組織などの諸活動 (3)当番・学級委員

されたこと，入学式や卒業式などにおいて「日の丸」の掲揚と「君が代」の斉唱とを「指導するものとする」と明記したこと（このことはその後文部科学省が全国の掲揚率・斉唱率調査を行い，方針に従わない教職員を処分するなどの行政処置をとったことと相俟って実質的な強制力強化といえる），本来課外活動である「部活動」への参加を正課活動である「クラブ活動」の一部または全部の履修に替えることができるとし，1998年改訂においては中・高校の「クラブ活動」が廃止されたことなどの変更が行われた点について，その是非がもっと論議されねばならないだろう。

　以上，日常の週時間割表からうかがわれる現行教育課程の3つの領域をみてきたが，それらは図表2-3に示したような関係構造にある。すなわち，知識や技能の習得を本来の役割・機能（これを「**陶冶（とうや）**」という）とする「各教科」における「教科活動（授業）」と，道徳性や社会的態度の形成を本来の役割・機能（「**訓育（くんいく）**」）とする「道徳」と「特別活動」を合わせた「教科外活動」とが相俟って，「人格の完成」（教育基本法第1条：教育の目的）が果たされうるのである。

図表2-3　教育活動の機能・形態・内容・目標の関係構造

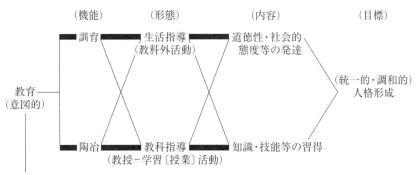

※柴田義松著『教育課程』（放送大学教育振興会，1994年）所収の図（39頁）を参考にして筆者が加筆作成

2 戦後日本の教育課程の変遷

　教育課程全体，ないしは各教科の教育内容をどのように編成するか，この課題は古くて新しい。教育史上においても，古代ギリシア・ローマの自由民の教養に端を発し，以後の西欧世界の知識層の教養を支配していった「**七自由科**（自由学芸：liberal arts=言語に関する文法，修辞学，弁証法ないしは論理学の3学と数に関する算術，幾何，音楽，天文の4科）」は，近代の中等および高等教育の教育課程のあり方にまでも影響を及ぼしていった。それに対し，読み（reading）・書き（writing）・計算（arithmetic or reckoning）の **3R's（スリー・アールズ）** を中心とした庶民学校は，19世紀に至って今日のような学年学級制に基づく近代学校システムへと再編・確立されてくるに及んで，教育内容も当時確立されつつあった分科的体系的諸科学の成果を導入したものとなってくる。それは，一面では科学的知識の大衆化をもたらしたが，他面では学校における教育課程を相互連関の乏しい多教科並立状況に追い込み，多くの知識を関連づけ統合するのは学習者側の認識形成の仕方に委ねることになってしまった。そうした教育状況に対する批判から，必然的に，統一的な人格形成実現に向けた教育課程編成自体の改革が模索され始めるようになった。その中から教科内容・教材の統合によって学習者の内面に形成される認識の統一を図ろうとしたプランが生まれてくる。ドイツにおいて，19世紀後半にヘルバルト学派のツィラー（Ziller,T）によって心情教材を核とした「中心統合法」やその配列法としての「開花史段階説」が唱えられ，20世紀初頭にはオットー（Otto,B）やライプツィヒ・プランなどによって「合科教授」運動が生みだされてきた。教育課程編成上の「分科（分化）」主義に対峙される意味での「合科（統合）」主義の提唱である。

　20世紀前半は，新しい教育理論に基づいて，世界的規模で多様な教育改革実践が開花することになり，日本でも大正自由教育運動として展開されていったが，昭和期に入って戦時色が強まるとともに弾圧され衰退していった。

しかし，アメリカにおいて進歩主義教育運動として展開され，デューイやキルパトリックによって形成された子どもの生活や経験に基づく教育理論が，敗戦後の日本の教育改革実践に大きな影響を持つこととなり，「(第二次大)戦後新教育」運動として，自由で多様な教育課程と教育実践が生み出されていった（第6章を参照）。

戦後日本の教育改革と新教育運動　個々の学校における教育課程を編成する主体は誰か。この問題を考える上でまず次の文章を読んで欲しい。それは，新しく生まれ変わった日本の教師たちに向けて，教師たち自身が新しい教育実践を生み出すために，「試案」の二文字を添えて教師用の「手びき書」

《1947年版学習指導要領（一般編・試案）冒頭部分》

「これまでの教育では，その内容を中央で決めると，それをどんなところでも，どんな児童にも一様にあてはめて行こうとした。だからどうしてもいわゆる画一的になって，教育の実際の場での創意や工夫がなされる余地がなかった。このようなことは，教育の実際にいろいろな不合理をもたらし，教育の生気をそぐようなことになった。(中略)

もちろん教育に一定の目標があることは事実である。また一つの骨組みに従っていくことを要求されていることも事実である。しかしそういう目標に達するためには，その骨組みに従いながらも，その地域の社会の特性や，学校の施設の実情や，さらに児童の特性に応じて，それぞれの現場でそれらの事情にぴったりした内容を考え，その方法を工夫してこそよく行くのであって，ただあてがわれた型のとおりにやるのでは，かえって目的を達するに遠くなるのである。またそういう工夫があってこそ，生きた教師の働きが求められるのであって，型のとおりにやるなら教師は機械にすぎない。(中略)

この書は，学習の指導について述べるのが目的であるが，これまでの教師用書のように，一つの動かすことのできない道をきめて，それを示そうとするような目的で作られたものではない。新しく児童の要求と社会の要求とに応じて生まれた教科課程をどんなふうに生かして行くかを教師自身が自分で研究していく手びきとして書かれたものである。」

として提起された学習指導要領に見られる誇らしげな宣言ともいえるものである。それを素直に読むならば、「学習指導要領」の本来的な基本的性格とはどのようなもので、個々の学校における教育課程の編成主体は誰なのかという問題は、少なくともそれが出された当初においては明白であったといえよう。そして、現在とは全く異なる、このような学習指導要領の基本的性格は、続く1951年版にも継続・発展させられていったのである。

戦後教育改革は、日本国憲法と教育基本法の理念に立脚した新しい民主主義国家にふさわしい教育の姿を確立していくことになるが、戦前の天皇制イデオロギーを色濃く帯びていた教科であった「修身」「地理」「歴史」を廃止し、新しい教科：「社会科」「家庭科（小）・職業科（中）」「自由研究（28頁参照）」を登場させた。また、教育の基本方針として、「教育の出発点は児童の現実である」との認識に立ったカリキュラム改革（**「経験カリキュラム」**）とともに、子どもの活動を重視した指導方法・形態（**「児童中心主義」**）を採ることとしたのである。この基本的性格と内容的特徴を継承しさらに発展させていった1951年版では、「学習指導要領に示されたものよりも、いっそうすぐれた指導計画や指導方法を教師が発展させることを希望したい」とまで表明されている。教育課程も、「経験の組織が教科である」との教科観に立脚して、小学校のそれは現在のような教科・学年ごとではなく4つの経験領域と2つの学年ごとにまとめて時間配当が示されており、中学のそれも授業時間数が弾力的に表示され、数学教科書などの内容編成も社会生活に密着したものとなっていた。また、教科「自由研究」は廃止されたが、その内容は、「教科以外の活動（小）」「特別教育活動（中）」として引き継がれていった。

教育課程編成や教育実践を地域や学校現場の教師たちを信頼し大胆に委ねた1947－51年版学習指導要領の時期は、**桜田プラン**（東京都港区桜田小学校）や**北条プラン**（千葉県館山市北条小学校）、あるいは地域教育計画としての**本郷プラン**（広島県本郷町）や**川口プラン**（埼玉県川口市）などが生み出されていった。戦後新教育運動の理論的指導者の一人であった梅根悟（1903-80）は、その著作『新教育への道』（1947）において、「科学の体系」ではな

く「生活の体系」が,「知識の単位」ではなく「生徒が営む生活活動の単位」が教育内容を成す(「生活単元学習」)との考えから,生活の問題を学習する中心(中核)課程(コア・コース)とそれに関連し必要な限りでの基礎的な知識や技能を学習させる周辺(基礎)課程から成る**「コア・カリキュラム」**を提唱した。

このような「コア・カリキュラム」実践に対して,矢川徳光(1900-82)は,学習活動が身近な生活領域にとどまり,学習活動としての幅と質が広がり高まっていかない「はいまわる経験主義」であると批判しているが,「コア・カリキュラム」運動内部からも広岡亮蔵(1908-95)が,敗戦後まもない衣食住も極めて不十分な子どもとその親たちの厳しい生活現実から遊離した「牧歌的なカリキュラム」であるとの自己批判を行っている。この後,「コア・カリキュラム連盟」から改称した「日本生活教育連盟」は,教育内容に日本社会の現実に連なる教育目標を掲げ,「生活実践課程」と「基礎〔習得〕課程」とそれを結ぶ「問題解決課程」の学習課程三層とそれらそれぞれに「表現」「社会」「経済(自然)」「健康」の学習対象四領域を設定した**「三層四領域」**のカリキュラム構造論を提起した。次第に,学習方式としての「問題解決学習」の強調へと推移していくことになるが,科学をその体系に従って学習していくことを基本とする「系統学習」との華々しい論争も生んでいった。

高度経済成長と教育の「現代化」　戦後新教育の終焉は,朝鮮戦争の勃発(1950年)を契機として戦後民主改革の「逆コース」期が始まり,「ベルリンの壁」が構築(1961年)され,「東西冷戦」がいちだんと高まっていく世界情勢を背景としている。そして欧米諸国・日本など資本主義・西側諸国の教育も大きな転換が図られていく。とくにアメリカは,科学技術の革新とそれに伴う知識の量的拡大と質的変化,中等教育段階への進学率の増大とドロップ・アウトの増加という社会的な変化・現象と同時に,より直接的には「スプートニク・ショック」(1957年,当時の社会主義ソビエトによる人類初の人工衛星の打ち上げ成功は科学技術開発競争の面においても社会主義ソビ

エトに遅れをとってしまっているということを意味し,危機感をもたらした)を契機として教育改革に大きく舵を切る（経験主義教育からの転換）ことになる。そしてそれは日本においてもまた同様であった。

　アメリカは，1958年に国家防衛教育法を成立させ，翌1959年には全米から自然科学を中心とする第一級の研究者を集め,「**ウッズホール会議**」を開催し，新しい教育方針を模索する。その会議の議長となったのが心理学者**ブルーナー**（Bruner,J.S.,1915-）であった。彼は，その会議の討議をまとめた『**教育の過程**』（**1960年**）を著すが，以後1960年代を中心とした「教育の現代化」運動の理論的リーダーとなっていく。

　ブルーナーは,「どの教科でも,知的性格をそのままにたもって,発達のどの段階のどの子どもにも効果的に教えることができる」と主張し,それまでの経験主義に基づく「子ども中心（Child-centered）カリキュラム」から,「**ディシプリン（学問）中心（Discipline-centered）カリキュラム**」を提唱した。それは，現代科学の成果と教育（とりわけ中等教育段階のカリキュラム）とを直結させること,生徒たちに科学の基本概念や法則を習得させることを主な目的とするものであった。この"Discipline"とは,学問領域の基本概念や法則と同時に,それを探究する方法を統一的に併せ持つ概念であって,「教科の構造（structure）」は,その"Discipline"の系統によって基本的に構成されると考えられた。教育内容論と相即不離の関係にあるものとして,教育方法論としての発見学習（heuristic learning）論が提起されているのである。系統的に構成された各学問領域の基本概念や法則をただたんに教え込んでいくのではなく,生徒自らがそれらを実験や調査活動に携わる活動過程を通して発見的に学習していく,そうした学習経験によってこそ「学習の転移（transfer）」がより有効に行われると考えられたのである。「知識は過程であって,成果ではない（Knowing is a process, not a product）」,すなわち「学問を誰かに教えるということは,その成果を覚え込ませるのではなく,知識の生成を可能ならしめるような過程に子どもを参加させることである」というブルーナーの言葉は,彼の教育論を最も象徴している。こうし

た考え方に基づいて，**PSSC**（The Physical Science Study Committee）や**SMSG**（The School Mathematics Study Group）など，「教育の現代化」運動を象徴する中等教育段階のカリキュラムが開発されていったのである。

1960年代を中心とする高度経済成長の時期，日本の教育も大きく転換していくことになるが，1958年版学習指導要領は，その転換を最もよく象徴している。戦後民主改革の「逆コース」期を背景として，1958年版学習指導要領からは「試案」の二文字は削除され，同時に官報に掲載・告示されることにより，それまでの「手びき書」としての性格から法的拘束力を有する「国家基準書」という性格へと転換されていったのである。その内容も，授業時数の弾力的表示の後退と法令化，基礎学力の充実を目的とする国語や算数・数学の学習時間数の増加，教育内容編成における「系統」の重視，さらには義務教育段階における「道徳の時間」の特設，といった新たな方針が示されたのである。この「脱・経験主義教育」ともいえる方針は，続く1968・69・70年版学習指導要領にも継承・発展されていき，高度経済成長政策・**人的能力開発政策（マンパワー・ポリシー）**を背景として，例えば小学校算数教育に「**集合**」「**関数**」「**確率**」が導入されるなど教育内容の「現代化」政策や，戦後新制高校の三原則（①男女共学，②通（小）学区制，③総合制）からの転換を図った高校の「コース制・多様化（＝様々な職業高校の成立と普及）」政策が推進されていった。それは，科学技術開発競争を担う人材の育成を望む経済界の意向（1963年経済審議会答申「経済発展における人的能力開発の課題と対策」）に沿っての，ハイ・タレント（同一年齢人口の3～5％程度とみなされた優秀な能力をもった子ども）の小学校段階からの早期発見と中学校段階での進学・就職指導（学校の人材選別機能の拡大）による効率的なエリート教育の推進を意味していた。その一方で，徳育面に関しては，1966年中央教育審議会答申の付属文書として**「期待される人間像」**が打ち出され，その中で国民に必要なものとして「正しい愛国心を持つこと」や「象徴に敬愛の念を持つこと」などが強調され，いわゆる「愛国心教育」はいちだんと強められていったのである。

しかし，こうした日本における教育の「現代化」運動は，「能力主義」と「道徳主義」を基調とする国側の政策動向とは異なった，教師たちの自主的な研究活動としての民間教育研究運動に参加する教科等領域毎の研究組織によって「科学と教育との真の結合（教育の民主化と学問の大衆化）」を基調とした，自主的な教育課程編成の動きとその成果も生み出していった（例えば，教育科学研究会国語部会によるテキスト『にっぽんご』，遠山啓らの数学教育協議会による計算指導体系「水道方式」，板倉聖宣らによる自然科学の基本概念と方法の習得指導体系「仮説実験授業」方式などがある）。

「ゆとり教育」の登場　1970年代，教育状況はふたたび大きな転換期を迎えることになる。1960年代のアメリカは，泥沼化したベトナム戦争とそれに対する反戦運動，黒人解放運動や大学改革運動の高まりなどに直面していたが，教育面においても「ディシプリン中心カリキュラム」への批判が高まってくる。ジャーナリストであったシルバーマン（Silberman,C.E.）は，アメリカ教育の現状を調査して著した『教室の危機（Crisis in the classroom）』（1970年，山本正訳1973年）において，ドロップ・アウトの増加などに苦悩するハイ・スクールの深刻な状況を描いている。1970年及びそれ以降の教育の在り方を論議していた全米教育協会（NEA）も「学校を人間化していく（humanization the school）」を基本目標として打ち出し，児童生徒たちが「公害」「差別」「戦争」「ゴミ処理」といった社会生活上の諸課題や自分自身の生活や生き方に目を向けていく「人間科プロジェクト」をカリキュラムの中に入れていくことなどを提起した。カリキュラムにおける**「レリバンス（relevance：適切性・関連性）」**の強調，つまり学習内容を，社会が直面している課題に関連性を持っていることや，自分自身にとってもリアルであったり切実であったりすることが感じられるようなものとすることが強調されたのである。1970年代アメリカのハイ・スクールは，**「人間中心（human-centered）カリキュラム」**への転換が図られ，カリキュラムの多様化と自由選択の方向での改革を進めていったのである。

日本もまた，第1次石油ショック（1973年）を直接的な契機として高度経

済成長の時代は終わりを迎え，低成長時代に入っていくが，社会全体では公害問題や学園紛争問題，教育面では1960年代進学率の上昇と受験競争の激化の下で「新幹線教育」とも揶揄された学校教育における「落ちこぼれ（落ちこぼし）」と「青少年非行」の増大に直面していた。こうした中で，1976年の教育課程審議会答申は「ゆとりのあるしかも充実した学校生活」の実現を打ち出し，翌1977年版学習指導要領は学習内容及び授業時数を削減し，「学校が創意工夫を生かした教育活動を行う時間：別称「ゆとりの時間」特設の方針をとったのである。いわゆる「ゆとり教育」の始まりである。小学校1・2年生には教科の枠を超えた「合科的指導」も可能とする措置をとったが，「ゆとりの時間」はそれを活用した目新しいイベントや奉仕活動など「学校成果」を競う方向にながれ，「ゆとりの時間」の準備と実施で教師も子どももかえって忙しくなるという皮肉な結果状況をも生み出していった。また，受験競争状況が続く中では，学校学習が減少する分を学校外学習で補完するという塾・予備校への依存傾向も生み出していった。

続く1989年版学習指導要領は，生涯学習社会や情報社会の進展を背景に，「社会の変化に主体的に対応できる能力の育成」が強調され，いわゆる「**新しい学力**」観（第1章第2節参照）の必要性が謳われた。しかし，その結果は，成績評価においても「関心・意欲・態度」面の重視と「知識・理解」面の相対的軽視を生み，「指導」という言葉も「教え込み」に等しいものとして捉えられ，指導案もことさら「支援案」と書き換えられる状況を生み出すに至った。教育課程においては，小学校1・2年生の理科・社会科に代わって「生活科」が導入されたが，自然や社会に対する認識育成は薄まり，一部では道徳教育色の強い実践に偏っていった。また，中学校には「選択制の拡大」や「習熟度別指導」が導入されたが，受験指導に活用されることによって義務教育段階における「普通教育」（第2章第1節参照）の意義が希薄になる結果を招いた。埼玉県などにおいて高校入試改革も試みられ，学校における業者テストと偏差値の廃止の方針が打ち出されもしたが，進路指導（その実態は「進学受験指導」）では塾・予備校の有する受験情報・データに依存せざるを

得ない現実に直面し，成功するには至らなかった。

　さらに1998年版学習指導要領もまた，「ゆとり教育」路線を継承し，かつ一段と強化する方針を採るものとなった。完全学校5日制への対応として授業時間も学習内容もさらに削減されると同時に，**「総合的な学習の時間」**が創設され，体験的な学習や問題解決的な学習の導入が強調された。中学校における選択教科も時数・内容が拡大され中1年次から設定が可能になるなど，「ゆとり教育」路線がより徹底されるものとなった（それゆえ，この学習指導要領下で学校生活を過ごした世代が「ゆとり世代」「学力低下世代」等と揶揄されることになったのである）。1990年代の学校を席巻した「新しい学力」観は，その成績評価における「関心・意欲・態度」面の過度の強調と評価のための「客観的」データ（手を上げた回数など）の収集に対する疑問・批判も強まり，やや後退していくが，それに代わって**「生きる力」**という新たな呼称での学力観が登場し，それを構成する三つの要素（「確かな学力」「豊かな人間性」「健康・体力」）のうち，「確かな学力」を説明する「自ら課題を見付け，自ら学び，自ら考え，主体的に判断し，行動し，よりよく問題を解決する資質や能力」の育成が強調される形で，「ゆとり教育」路線が継続されたのである。

　さて，1960年代に強まった道徳教育であるが，1970年代以降教育方針は転換されていくものの，徳育面は「日の丸・君が代」問題を中心に，一貫してますます強化されていくこととなった。1977年学習指導要領では，「国民の祝日などにおいて儀式を行う場合には，児童〔生徒〕に対してこれらの祝日などの意義を理解させるとともに，国旗を掲揚し，国歌を斉唱させることが望ましい」との記述が新たに加わり，1989年版では入学式・卒業式で日の丸・君が代を「指導するものとする」との記述表現となり，さらに1999年には「国旗及び国歌に関する法律」が制定された。「脱・ゆとり教育」方針の2008・09年学習指導要領においても，教育基本法改正・学校教育法一部改正を受けて，社会科で「尊重する態度を育てる」，音楽では「君が代を指導する」，入学式・卒業式では「国旗を掲揚」「国歌を斉唱」を「指導するものと

する」と記述表現している（式出席の教職員及び生徒に対する指導・点検が強まり，憲法で保障されている「内心の自由」「思想・信条の自由」とも関わり，職務命令や処分をめぐって各地で裁判が争われる状況を生み出してきている）。そして2015年3月，「特別の教科　道徳」が登場するに至った。

新しい動向と課題　1977年の「ゆとり教育」開始から約40年，2008-09年版学習指導要領において学習内容や授業時数の増加が行われ，実質的な「脱・ゆとり教育」へ動き出した（第2章第1節参照）。基礎基本の確かな習得と応用力活用力の育成という学習指導上の二重の課題，そして道徳教育のさらなる強化を掲げての再出発であった。しかし，グローバル化や情報化が急速に進展する社会の中で，すでに以下のような新たな教育課題も次々と検討・実施されている。「アクティブ・ラーニング」（第7章を参照）の推進，タブレットPC・デジタル教科書・電子黒板などICTの活用，小学校3年生から開始され中学校での全国的学力調査実施へと至る外国語（英語）教育の強化，高等学校における教科・科目の再編（新科目「公共」「歴史総合」「数理探求」：仮称），高大接続改革をめざす「基礎学力テスト（仮称）」や「大学入学希望者学力評価テスト（仮称）」の導入，さらには「汎用的スキル（育成すべき資質能力）」の明示化とそれに対応した新たな教育評価の開発等々。

最後に，私たちは学習指導要領の第1章総則の冒頭（第1「教育課程編成の一般方針」）に「各学校においては，（略）地域や学校の実態および生徒の心身の発達段階や特性等を十分考慮して，適切な教育課程を編成するものとする」と明記されていること，しかもその文言は幾度かの改訂にもかかわらず戦後の学習指導要領に一貫していることを再度思い起こしたい。この場合，「学校」をどのように解釈するかの問題は残り，学校教育法第28条「校長は，校務をつかさどり，所属職員を監督する」という文言等を根拠に，編成する地位を与えられているのは学校長であるとする解釈があるが，しかしなによりもまず教育実践ということがらの本質と実際からして「学校＝教職員集団」と解釈するのが自然であると思われる。そもそも教育実践は，実践主体である教師が教育内容・教材を媒介としながら学習主体である生徒に働きかけ，

生徒の認識を形成し変化させていく，そして生徒の応答によって働き返される中で，教師自身の認識やその指導も変化していくという，創造的な営みである。むろんその営みは，個々の教師一人一人の主観と独断に委ねられるものではなく，教育の専門家集団である教職員集団の中で日々検討され，かつその集団によって支えられることによって，より質の高いものへと発展させられうるものなのである。近年のカリキュラム開発研究において，「**学校に基礎をおく（school-based）**」方向が採られてきているのも基本的にはそのような教育実践の本質と実際に立脚しているからなのであろう。

　しかし，そのことが教職員集団の不可侵の専決事項であってよいはずもない。何よりも学習主体である生徒たち自身の実態や要求に根ざしたものでなければならないことはいうまでもないことであるが，彼らの父母たち（広くは地域住民や国民）の願いや要求をも受けとめ，理解と協力・協同とを得ながら進められるべきものであることも忘れてはならないであろう。特に近年，さまざまな問題が学校に生じてくる中で，それを解決していく展望を探る意味からも，「**子どもの権利条約**」（なかでも「第12条：意見表明権」）や「**父母の学校参加権**」の具体化が課題となってきているが，教育課程の編成においても例外ではない。本節冒頭の1947年版学習指導要領がいうところの「機械」ではない，「生きた教師」の創意工夫による教育課程づくり，そしてそれを具体化する教材・教具の研究・開発・交流・集積とが，今，教師に求められている。

【参考基本図書】
・『柴田義松教育著作集第3巻：教育課程論』及び『同著作集第4巻：教科教育論』（学文社，2010）
・グループディダクティカ編『学びのためのカリキュラム論』（勁草書房，2000）
・山﨑準二編『教師教育テキストシリーズ9：教育課程』（学文社，2009）
・田中耕治編『よくわかる教育課程』（ミネルヴァ書房，2009）
・田中耕治他編『新しい時代の教育課程（第3版）』（有斐閣アルマ，2011）
・東京大学教育学部カリキュラムイノベーション研究会，小玉重夫編『カリキュラム・イノベーション―新しい学びの創造に向けて―』（東京大学出版会，2015）

【コラム２：教科書の使用・検定・採択】

1. 教科書の使用

　学校教育法（1947年制定）第34条では「教科用図書・教材の使用」に関して，その１項において「小学校においては，文部科学大臣の検定を経た教科用図書又は文部科学省が著作の名義を有する教科用図書を使用しなければならない」，２項において「前項の教科用図書以外の図書その他の教材で，有益適切なものは，これを使用することができる」と規定している。成立時の歴史的考察からして教科書を使用する場合は検定教科書を使用しなければならないことを定めているにすぎないとの条文解釈もあるが，文部行政解釈は一般に，前者が教科書（主たる教材）使用の義務，後者は教科書を補充する教材（副読本，補助教材）の使用について定めているというものである。なお，これは小学校に関する規定ではあるが，中・高等学校にも準用される。

2. 教科書の検定 （次頁に掲載した図を参照）

　なぜ，教科書の検定制度があるのだろうか。文部科学省自身の説明によるならば，「教科書検定制度は，教科書の著作・編集を民間に委ねることにより，著作者の創意工夫に期待するとともに，検定を行うことにより，適切な教科書を確保するねらい」（文部科学省『教科書制度の概要』より，同省のHP上にも掲載されている）があるのだとしている。これは，第二次大戦前の日本において一種類の国定教科書の使用しか認めていなかったことの反省から，戦後は民間のつくる多様な教科書の発行と使用とを認めるが，内容的には国が「教科用図書検定規則」（省令）や「同検定基準」（告示）を定め，検定していくシステムを採ったことを意味している。

　この教科書検定制度のあり方に関しては，制度自体の合憲性をめぐって家永三郎・東京教育大学教授（当時）がおこした，いわゆる「家永裁判」がある。家永裁判は第三次訴訟まであるが，最高裁判決は検定作業上の裁量権の逸脱を戒めたうえで教科書検定制度自体は合憲であると認めている。しかし，第二次訴訟の一審判決（いわゆる「杉本判決」）は，検定は客観的に明らかな誤りやその他技術的事項にとどめ，教科書の記述内容の審査にまで及んではなら

第2章 教育課程の構造と編成　43

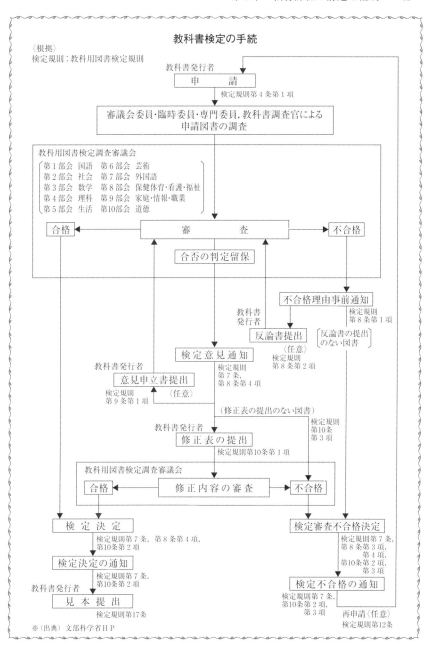

※〈出典〉文部科学省HP

ない，すなわち国家が教育内容にまで介入することは基本的には許されないとしたのである。教育権をめぐる論点，教育の自由をめぐる論点などが関連する重要な問題として教科書問題はある。

また，歴史教科書における近代日本の戦争行為の記述内容とその検定をめぐっては，たびたび中国や韓国をはじめとするアジア諸国との関係にも影響を与える外交問題にまでも発展してきている。

義務教育諸学校用教科書の採択の仕組み

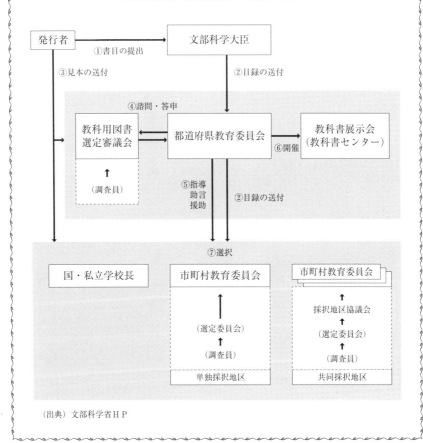

(出典) 文部科学省HP

3. 教科書の採択 （前頁に掲載した図を参照）

　教科書採択権者が誰なのか，厳密には法文上不明確である。第二次大戦後の教科書検定制度の下では，採択権は各学校にあり，教師が教科書展示会で見本を見て使用するものを決定していたが，「義務教育諸学校の教科用図書の無償措置に関する法律」（1963年制定）によって教科書の無償措置制ができると同時に，教科書の採択もまた広域統一採択制（「採択地区協議会」を設置）となった。その採択権者は国私立小・中と高校にあっては学校長，公立小・中にあってはその学校を所管する教育委員会にある。義務教育諸学校用教科書については，通常，4年間は同一の教科書を採択することになっている。

　なお，採択手続の不透明化と採択地区の広域化によって，実際に教科書を使用する教師の意見が反映されにくくなってきていることや採択地区協議会を構成する教育委員会の意見一致がみられないことが生じている。後者の問題に対応し，単独市町村教委でも採択地区の設定を可能とする法改正が行われた（2014年4月）。「教科書を選ぶ権限は誰にあるのか」，この採択問題は，上の検定制度問題と相俟って，教育権や教育の自由をめぐる問題とも密接に関係している論点のひとつである。

【参考基本図書】
・文部科学省『教科書制度の概要』（文部科学省ホームページ上掲載）
・浪本勝年編『教師教育テキストシリーズ7　教育の法と制度』（学文社，2014）
・中村紀久二『教科書の社会史』（岩波新書，1992）
・家永三郎生誕100年記念実行委員会編『家永三郎生誕100年　憲法・歴史学・教科書裁判』（日本評論社，2014）
・日本出版労働組合連合会編『教科書レポート』（毎年度版）

第3章　教育方法の計画と実践

　教師の教育実践は，【a：教室（授業）】【b：学校（職場・教職員集団）】【c：地域（家庭・社会）】という広がりを持つ三重の場において成り立っているといえる。中核に【a：教師・子ども・教育内容（教材・教具）という諸要素から成り立つ授業実践の場である教室】が位置し，それを取り巻く【b：教職員集団（同年代・先輩・管理職の教師）から構成されている学校・職場】，さらにそれらを取り巻く【c：家庭や社会全体を含む意味での地域】，という三重の場である。

　教師・子ども・教育内容（教材・教具）という，いわば**授業の三要素**から成り立つ授業実践を計画するにあたっては留意しなくてはならないいくつかのポイントがある。そのポイントを教育方法上の概念用語で示すならば，「教育（授業）目標」「教育内容」「教材・教具」「授業構成（授業過程）」「授業形態」といった諸点である。これらの用語は，「授業（教授-学習活動）」という営みを教える主体である教師の側からとらえた場合の表現であるともいえるが，逆に学ぶ主体である子どもの側からとらえた場合には「学習目標」「学習内容」「学習材」「学習過程」「学習形態」などといった用語によってしばしば表現されることがある。とりわけ近年における体験的・総合的な学習活動においては，そのような用語が多用されている。

　本章では，まず教科指導において通常多く採られる授業スタイルの構想と課題（第1節）を述べ，次にそれを組織していく際の課題（第2節）を述べ，さらに近年，再び興隆してきている総合的・体験的な学習スタイルの方法と課題（第3節）について述べていくことにしたい。

1 授業の構想と課題

　教科指導（授業）を行う場合，図表3-1のような一般形式の「授業案（指導案）」を作成する作業を通して，「教育（授業）目標」「教育内容」「教材・教具」「授業構成（授業過程の展開構想）」「授業形態」といった諸点についての構想を練り，授業を準備することになる。とりわけ研修や教育実習などで集団的な授業分析が施される特別な研究授業の際には，教師（実践者）は事前に綿密な検討を行い，実践直前まで何回も書き直しを行うことになる。今日，様々な形式のものがあり，名称も「学習活動案」や「支援案」などを用いたり，記載欄も多様である。本来は，教師が自らの実践を遂行していく際にいちばん利用しやすく，かつ自らの実践の意図と計画を参観者にもいちばん理解してもらいやすい形式と記述内容にすればよいのであるが，通常，「教育（授業）目標」や「教材観（題材観と記されている場合もある）」，教える内容上のひとまとまり（例えば「物体の運動」というような教育内容で10数単位時間をもって構成）を意味する**「単元（Unit）」**の展開構成が示された上で，参観者を迎え綿密な検討が施されることになる「本時」についての指導計画が記される。そして「本時」の授業に関しては，「時間配分」「教師側の働きかけ」「予想される子どもの表れ」「授業形態」「備考」などといった記載欄から構成されている形式で，綿密な進行計画が描かれることになる（もちろんこのような記載欄も定型化されているわけではなく各学校ごと多様である）。

　「教育（授業）目標」　授業を構想する場合，まずはその実践を通して達成が期待される「教育（授業）目標」が自覚されなければならない。この目標は，通常，「単元」レベルのものと「本時」レベルのものとが記されることになるが，それらはそれぞれ独立して存在しているわけではなく，各教科の年間指導計画や各学校の教育課程全体のレベルで達成が期待される各教科の教育目標や**学校教育目標**，あるいは小・中・高等学校といった各学校段階

図表3-1 授業案（指導案）の一般形式

授業者 ○ ○ ○ ○

日時　××××年×月×日（木）第3時　10時20分～11時10分（理科室）
学級　3年B組（男子18名　女子17名　計35名）

1. 教材（単元）名　　　物体の運動
2. 教育（授業）目標
   (1) 物体の運動についての観察・実験を行い，物体に働く力と運動の関係を理解させ，運動の概念を形成させる
   (2) 物体の運動についての観察や実験から，課題を意識し，実験事実や既習事項等を結び付けながら，課題解決を図る能力を育成する
   (3) 物体の運動についての学習を通して，科学的に究明する態度を育成する
3. 教材観
   （略：子どもの実態などに関する記述も含む）
4. 指導計画（単元構成：15単位時間）
   （略：単元内容の全体構造とともに「本時」の位置も明示する）
5. 本時（14単位時間目）について
   (1) 教材　　　(2) 目標　　　(3) 授業構想
   (4) 本時の授業案（指導過程案）

時間配当	教材および教師のはたらきかけ	予想される生徒のあらわれ	形態	備　考
5分	①図のように質量の等しいおもりを滑車に下げたときおもりAは，どのような運動をしただろうか。 実験(1)　実験(2)　実験(3) ②次のようにしたら，おもりAはどのような運動をするだろう。 　おもりAはどのような運動をするのだろう。 ③追究してみよう。 実験（4）	①実験(1) 静止したままである。 　（左右のおもりがつり合っているから。） 実験(2) 静止したままである。 　（Aにはたらく力は，Aの重力と糸がAを引く力であるが，共に同じ力で向きが逆だから。） 　（滑車にかかる左右の力はともに等しいから。） 実験(3) 下向きに加速度運動をする。 　（おもりAには補助おもりがあり，質量が大きいから） ②どのように運動するのだろう。考えてみたいな。 （予想される生徒の考えなどの記述は，以下省略）	一斉 個	実験について ・おもりは80g ・補助おもりは鉛粒30gをビニール袋に入れたものを使用 ・滑車は摩擦の少ない滑車を使用 ・糸は釣糸を使用 ・滑車は天井から吊るとダイナミックに実験できる。 ・摩擦や空気抵抗は考えないことを伝える。

や教育基本法第1条で記されている国全体のレベルで達成が期待される教育の目的や目標とも関連が意識されているものである。その際，教育の「**目的（aims）**」と「**目標（goals, objectives）**」という用語は多くの場合厳密に区別して使用されているわけではないが，一般には前者が教育活動の全体的最終的な価値と方向性を含んだものとして使用されているのに対して，後者はその目的を実現するための手段性を含んで目的に至るまでの各段階において順次達成が目指されるものとしてとらえることができよう。

　「単元」や「本時」のレベルで指導案に記載される「教育（授業）目標」は，一般に「指導要録」（第4章で詳述）に明記されている「各教科の学習の記録」としての「**観点別学習状況**，すなわち「**関心・意欲・態度**」「**思考・判断・表現**」「**技能**」「**知識・理解**」の4つの観点（教科によって若干表現が異なっており，国語は5つの観点となっている。）にしたがって表される場合が多い。具体的には，「関心・意欲・態度」に関しては「〜に興味をもつ」「〜することに意欲的になる」「〜する態度を形成する」といった表現をとり，情意的性格をもつ。それに対して「思考・判断」「技能・表現」「知識・理解」といったものは認知的性格をもち，「〜ができる」「〜が身に付いている」「〜がわかる」といった表現をとることが多い。前者は，その性格から，それへの達成度を客観的にとらえることはできないものであり，**方向目標**という。それに対して後者は，それへの達成度が比較的明確にとらえることが可能なものであり，**到達目標**という。

　「指導要録」の形式が，上から「関心・意欲・態度」「思考・判断」「技能・表現」「知識・理解」という配列になっているために，いちばん重要なものが「関心・意欲・態度」であるとして，ともすると「知識・理解」が軽んじられる傾向も一部に生まれているが，教育（授業）の目標構造としては，到達目標から方向目標へという筋道が原則であり，また学力の構造としても「知識・理解」などの認知面が中核に位置しており，その形成を通して「関心・意欲・態度」などの情意面の育成を図るというのが教育（授業）活動の正道であろう。

ブルームの『教育目標の分類学』　教育の目標構造に関して，客観性と明瞭性をもった理論が登場してくるのが，1950年代後半から60年代にかけての時期である。1956年，ブルーム（Bloom, B. S.）は，『教育目標の分類学（Taxonomy）』を著した。この中で，彼は，教育活動において達成されるべき教育目標を体系的に分類・構造化することを試みている。1956年時点で提起されたのは，認知的領域のみ知識・技能・能力であったが，「知識」「理論」「応用」「分析」「総合」「評価」の6つのクラス（カテゴリー）に分類・構造化され，下位のカテゴリーを達成し通過することによって初めて上位のカテゴリー目標に迫りうるとしたものであった。

　ブルームの場合，たんなるクラス分けの場合の"Classification"というタームではなく，動物や植物の系統分類の場合の"Taxonomy"というタームを用いたのは，目標相互間の達成系列性を重視したからであるといわれている。このようなブルームの分類・構造化の試みには，教育目的・目標論やカリキュラム論，そしてそれらを子どもが獲得・内面化していくプロセスの教育・学習心理学論などの諸成果が取り入れられており，その後も情意的領域や精神運動的領域における理論化の研究作業が進められている。

　ブルームは，分類し，系統立てることによって，教育目標達成への道筋を明確にするとともに，授業の進行途上で形成的評価（第4章で詳述）を行い，それによって得られた情報を子どもや教師にフィードバックし，つまずきが発見された子どもには回復のための学習を行うことを提唱した。この一連の取り組みが**完全習得学習**（マスタリー・ラーニング）といわれるものであり，それによってすべての子どもたちに確かな学力を保障する方途を見出していったのである。

「教育内容」と「教材・教具」　私たちが，「学ぶ」という行動を開始するのは，ある事象や出来事，課題や困難に直面し，「あれ，どうしてだろう？」「あれ，おかしいなあ？」とか，「できないなあ」「わからないなあ」とか思った時ではないだろうか。それは，大人の場合も子どもの場合も，本質的には同じであるといえよう。学校における「授業」といわれるものも，

まずそうした思いが子どもたち自身の内側から生まれてこなければ成立しないし，仮りに「成立した」としても，その内実は子どもたちの学習活動の伴わない教師の一方的な教授活動ばかりのものになってしまうであろう。

　子ども（学ぶ側）からみるならば，「学び」はたえず具体的な事実・現象・素材からもたらされる素朴な疑問や興味・関心から出発し，それを探究していくことによってその具体的な事実・現象・素材の背後に隠されている事柄の本質にまで気づいていく。教師（教える側）からみるならば，「教え」はたえずその事柄の本質は何かを明確にすることから出発し，それに迫っていくためにはどのような具体的事実・現象・素材を持ち込めばよいのかに苦心するのである。

　その「事柄の本質」こそが**「教育内容」**と呼ぶにふさわしいものであり，文化芸術や自然や社会などの諸分野（学校教育に即していうならば各教科）における概念・法則・技術といったものであり，子ども（学ぶ側）によって獲得・内面化されることが期待されるものである。また，その「教育内容」に最も良く迫りうる具体的事実・現象・素材こそが**「教材」**と呼ぶにふさわしいものである。そしてさらには，子ども（学ぶ側）にとって，より学びやすく・より楽しく「教育内容」「教材」に取り組んでいけるような一切の物的手段（例えば理科で使われる標本や実験器具，社会科で使われる写真や年表など）が**「教具」**と呼ぶにふさわしいものであるといえよう。ただし，実践的には「教材」と「教具」の区別がつきにくい場合もあり，例えば通常使用されている教科書は，「教育内容」をより適切に体現している（と編集者によって判断・選択された）「教材」の集まりであり，同時に印刷物であるモノとしての教科書それ自体は一種の「教具」でもあるととらえることができるのである。

　教材研究　　授業づくりの過程において，いわゆる「教材研究」と呼ばれている教師（教える側）の活動がある。上述のような「教育内容」と「教材・教具」といった概念整理の観点からいうならば，その活動におけるまず第1の研究作業は，実践主体である教師自身の手による「教育内容」の選択

と配列構成といったことになろう。この第1の段階で教師自身がもっとも自覚しなければならないことは,「教育内容」として取り上げたいものが子ども（学ぶ側）にとってどのような価値と意味を持つことになるのかという点での吟味と明確化の作業を欠かしてはならないことである。第二次大戦敗戦直後の一時期を除いて,日本においては戦前戦後一貫してその作業を行う権利が国家によって個々の教師から奪われていたといっても過言ではないだろう。

第2の段階での研究作業は,その選択され配列構成された「教育内容」により学びやすく・より楽しく取り組んでいけるような具体的「教材・教具」を選択し開発していくことである。同時に,そうして選択され配列構成された「教育内容」や選択され開発された「教材・教具」は,授業実践過程の中でたえず再吟味され,たえず質的向上が図られなくてはならない。

以上のような一連の研究作業を総称して「教材研究」と呼ぶべきであり,いうまでもなくその研究作業においては実践主体者である教師,教育専門家である教師のオートノミー（自主性・自立性）が発揮され（発揮されるような条件・体制が保障され）なくてはならないのである。「教材研究」は,すでに定められている・与えられている「教育内容」をいかに教えるかといった方法・技術レベルので作業に矮小化されてはならないのである。

授業構成（授業過程の展開構想）　　教育（授業）目標としての「教育内容」が明確にされ,その達成のための「教材・教具」が選択・開発されたならば,次はそれらを用いた「授業構成」が構想されなければならない。かつてヘルバルト学派のライン（Rein, W. 1847-1929）は,教育方法史上有名な「形式的五段階説」を提唱し,その教授法上の手続きとしての「予備－提示－比較－統括－応用」という展開形式を,基本的にいかなる内容にも適用できるものとしたが,多くの場合,授業の画一化・定型化を招く結果となった。あるいはもっとも一般的なものとして「導入－展開－まとめ」といったスタイルで表される場合も多いが,原則的には,子どもの実態,教育内容や教材・教具の性格などに即して,授業過程の展開は構想されなければなら

ないといえよう。

　「授業構成」作業に取り組む場合，まず時間配当の問題がある。各学校での教育課程編成においては**各教科・各活動領域の標準授業時数**（巻末資料篇参照）は一定の幅を持ちながらも定められており，その範囲でそれぞれの時間配当が行われる。そして各教科においては，学年や単元ごとにも学習時間が配当されるのであるが，現在，日本の学校教育においては，小学校45分，中学校50分というのが通常の**授業の1単位時間**とされていること，しかしその枠組みにとらわれることなく必要に応じて弾力的に運用することも可能であることは，すでに述べてきたことである。したがって，これから取り扱う「教育内容」や「教材・教具」にはどれくらいの時間が必要なのか，数単位時間の内容的まとまり（「単元」）の範囲で，あるいは1単位時間の授業の範囲で，時間配当を考える必要がある。

　1単位時間の「授業構成」作業において，その作業のもっとも核となる部分は，「**発問**」づくりとそれに対する子ども（学ぶ側）の反応の予測を立てておくという作業である。この「発問」という用語は，一般には教師が授業中に発する問いかけの形をとった発言を意味するが，より狭義には子どもの思考や論理をゆさぶり，発展させるねらいや内容を含んだものと限定的に意味づけられうる。このように狭義にとらえるならば，「発問」は，子どもに一定の知識なりを尋ねその知識の定着如何を確認して終わるようなもの（例えば，「鎌倉幕府は何年に，誰が作ったのですか？」とか，「水溶液の3つの特性は何ですか？」といった類いの質問）ではないし，授業の展開過程において子どもの思考と切り結ぶことなく無意味に発せられるようなものでもない。とりわけ「**主発問**」と呼ばれるものは，達成すべき授業目標（子どもの側からすれば学習課題）を視野に入れて，授業におけるその後の展開をつくりだしていくような性格を持ったものとして，十分に検討し練り上げておくことが必要である。

　「発問」に対する子ども（学ぶ側）の反応を予測する作業は，授業の展開を構想する重要な要素である。教師の「発問」に対してどのような反応が返

ってくるのか，あるいは「発問」の内容からして子どもたちの中にどのような誤った反応が生まれやすいのかなど，それをある程度の範囲で予測しておくことは教師の対応やその後の授業の組み立て方を規定する。にもかかわらず，子ども（学ぶ側）の反応は，多くの場合，教師（教える側）の予測を越えるものである。当初の予測に固執するあまり，それらの思いがけない反応の意味するところを受け止めることができないまま，授業が当初の計画・型どおりに流されていくことを，私たちは戒めなければならない。

授業形態　子どもを年齢や発達段階によって区分し，かつ一人の教師がそれを担任するという意味での「学級（class）」というものが学校史上に登場してくるのは16世紀後半であり，一学級ごとが独立した教室を有するようになるのはフランスにおいて17世紀，イギリスでは19世紀後半であるといわれている。一般庶民の子どもを巻き込んだ近代学校の成立は，一面では一定の質的レベルを有した大量の労働力の確保という目的にそって，一定のレディ・メイドの知識・技術を効率よく多数の子どもに一斉に教え込んでいくというような狙いを内に含んでいたといえよう。19世紀のヨーロッパ各地で用いられていた**ベル＝ランカスター法（助教法，モニトリアル・システム）**などはその狙いに合致するものとして利用されていったともいえる。

近代日本の学校史上において，「学級」という概念が法令的に定義されるのは文部省令第12号「学級編制等に関する規則」(1891年) である。この省令に関する文部省説明書には，「学級」とは，「一人ノ本科正教員ノ一教室ニ於テ同時ニ教授スヘキ一団ノ児童」を指すものとされている。江戸期の一部の藩校や私塾，明治初期の学校において採られていた教育内容の水準とそれへの子どもの達成度に従って学習集団が編成されていた**等級制**から，同一年齢の子どもたちから編成される**学年・学級制**への転換が行われたのであった。このことは，義務教育完了の認定に関して使われる概念で言うならば，**課程主義から年数（年齢）主義**への転換，教育課程の履修形態に関して使われる概念でいうならば，**修得主義から履修主義**への転換ということになる。

以来，学校における授業の基本形態は，片側廊下式の同一教室が並ぶ画一

化された学校建築と結びついて，その学習集団の大きさといった点で極めて固定的な学級単位での集団を対象として，同一の内容を同時に教えるという**一斉教授**の授業形態が主流であり続けてきた。

しかし今，授業形態は，教育内容や教材・教具の性格に応じて，子ども（学ぶ側）の学習進度や学習スタイルに応じて，さらには教師（教える側）の組織や条件に応じて，学習のサイズも3～6人の子どもグループによる**小集団学習**や一人一人の子どもが自分のペースで行う**個別学習**などが採られるようになってきている。それと同時に，教科書などを用いて教師の説明を中心に展開される**講義法**から，子どもたち自身が調べてきたことや自らの意見を発表し交流し合うという**討議法**へと教室での授業の形態も大きく変化してきている。例えば人数が多い場合，必要に応じて少人数の小集団に分かれ，自由に話し合いを行う**バズ学習**（buzz：ハチなどがブンブンいう，ガヤガヤいう声の意）などを取り入れることによって，参加者全員の主体的な参加を図ったり，全体での討議の動機づけや準備などを図ることも有効である。もちろん教室という物理的空間の枠を越えての学習活動も多様になり，それとともに固定的な学習時間や教科の枠も，対応する教師の組織も，大きな変更が求められてきている。次節では，それらの課題について考えていきたい。

2　授業の組織と課題

近年，盛んに教育における個別化とか，個性化とかがいわれ，授業における「個人差」に着目した授業実践の多様な試みが始められてきている。その一方で，学校という場での教育活動の特色である「集団で学ぶ」ということの積極的意義もまた再認識されてきている。「個別に学ぶこと」と「集団で学ぶこと」，「個別化・個性化」と「集団化」，それぞれはいかなる意味をもっているのだろうか。

「個人差」への着目：「量的な差異」と「質的な差異」　授業における「個人差」といったものについて考えるとき，そこには2つの意味合いの違

った差異があるように思われる。その1つは，学習を進めていく際に表れる教育内容や教材の習得の速さや，それゆえの学習進度の速さの違いである。これを「量的な差異」と仮に呼ぶことができよう。それに対してもう1つは，同じく学習を進めていく際に表れるのだが，教育内容や教材の習得にあたって用いられる子ども一人一人の思考や認知のスタイルの違いである。こちらの方は「質的な差異」と仮に呼ぶことができよう。

　ではまず最初に，子ども（学ぶ側）の「量的な差異」に着目した授業の組織のありようについて考えていこう。

　これは学習における個々人のペースの違いに配慮しようとするのであるから，従来のような40人が一斉に同じ内容を同じ時間内で学習していくというような形態ではもはや対応できないということになる。そういう意味では，従来の「学級」は解体される2つの方向が採られる。その第1の方向は，**学習の個別化**を求めるものである。それぞれが各自自由に自分の学習したい内容で，各自の学習ペースで，学習を進めていくことを保障しようというのである。

「プログラム学習」と教育機器の導入　　例えばその代表的なものでは，アメリカの新行動主義の学習理論に基礎をおく「プログラム学習 (Programmed learning)」がある。この場合の「プログラム」とは，ある一定の学習目標を達成することを狙いとし，教師の教授活動と子どもの学習活動とを効率的に行わせるために教材を系統的に配列したもののことである。一般には，全ての学習者がすべてのフレームを同一の順序で学習する直線型の**スキナー型**，学習者が示した誤りのパターンごとに対応して学習内容の順路を修正しながら進んでいく枝分かれ型の**クラウダー型**の2つがあるが，両者を組み合わせたタイプの複雑で高度なものなども開発されてきている。

　このプログラム学習は，例えばスキナー型の場合，①学習内容を細かく分析し，教科の論理にもとづいて系統的に配列することによって学習者を確実に達成目標に導いていくこと（＝スモール・ステップの原理），②学習への積極的な取り組みを実現させるために学習者に反応させるよう工夫を凝らし

てあること（＝積極的反応の原理），③学習はあくまで学習者自身にもとづいて行われるようにしてあること（＝自己ペースの原理），④学習者が自分の回答の成否をすぐに照合でき，学習の成立を確認できるようにしてあること（＝即時確認の原理），⑤学習が行われたあと，常にプログラムの良否が検討され，修正されていかなければならないこと（＝学習者検証の原理），という5つの基本原理にもとづいている。パソコンの活用・普及と結び付いてプログラム学習が学校現場に取り入れられてきているが，このプログラムを組むソフトの開発・作製には教師にとって特別な知識とかなりの労力と時間とが要求されることから，多くの場合，既成の市販ソフトに依存しがちなのが実情である。

　習熟度別指導（編成）　　さて，「量的な差異」に着目した実践のありようの2つめの方向として，**学習集団を等質化（等質学級）** していくということがある。つまり，学習の進度や難易度のレベル別に子どもたちの集団をつくり，それぞれに対応した指導をしようとするものである。一般に「能力別学級編成」とか「学力別学級編成」といわれているものである。学習指導要領（2008年改訂版）においては小・中学校教育の中に「第4　指導計画の作成等に当たって配慮すべき事項」「2-(6)（中は7）各教科等の指導に当たっては，児童（生徒）が学習内容を確実に身に付けることができるよう，学校や児童（生徒）の実態に応じ，個別指導やグループ別指導，繰り返し指導，学習内容の習熟の程度に応じた指導，……」と記されているが，これも学習集団の等質化によって現状の学力格差に対応しようとする一方策である。

　確かに現状においては，小学校3年生あたりからもう学力の格差が明確になり始め，中学校に至ってその格差は一層激しいものになるといわれている。一方で，高い偏差値をほこる普通高校へ進学しようと受験勉強に遭遇する子どもがおり，他方では，極度の学力不振から学習意欲さえも喪失してしまったかのようにみえる子どもがいる。そのような現状に対応するにはどうしたらよいのか，極めて深刻かつ急務な課題である。

　それぞれの教師たちは，放課後や休暇中に，学習進度が遅れていたり，学

力不振に陥っていたりする子どもたちを集め，彼らの習熟度にあわせた指導を行い，彼らの学力を回復させようと努力している。このような努力が正規の学習時間内で行えることができるような時間的ゆとりの回復と，なによりもあまりに多すぎるといわれる学習内容量の精選とがまず必要とされよう。そのこと抜きに，効率的な指導を狙った安易な習熟度別指導（編成）の導入は，中学校教育における選択教科の拡大と相俟って，義務教育の最終段階としての中学校教育を歪めることになりはしないか，子どもたちとその親たちの間に不要な差別意識を生み出しはしないか，また，そうした習熟度別の指導はかえって学力の格差を固定化し拡大してしまいはしないか。アメリカやイギリスなどで行われてきた，それと同様な趣旨の方策である「セッティング（setting）」や「ストリーミング（streaming）」といったことの帰結をみるとき，実施にあたっては慎重な対応が求められるべきであるように思う。

適性－処遇交互作用（ATI）研究　最後に，「質的な差異」に着目した実践の試み，可能性といったことに触れていきたい。クローンバック（Cronback, L. J.）らが行った「適性－処遇交互作用（Aptitude Treatment Interaction）研究」は，学習者の有する様々な特性（例えば，人格的特性としての対人的積極性や責任性，認知的特性としての衝動型とか帰納型など）が学習成果を左右する要因として働いており，教授方法は学習者一人一人のそれら特性に最適なものがとられるべきであることを示唆している（**学習方法の最適化**）。私たちは，ともするといつも同じひとつの方法で授業を行い，子どもたちが示す学習成果の出来・不出来を判断し，それをもとに子どもたちの能力の高い・低いを判断しがちである。しかし，この研究が示唆しているように，評価対象としている学習成果は，子どもの学力とか能力に拠っているのではなく，むしろ教師の指導方法とか，学習の雰囲気や環境，あるいは教師の性格などとの相性といった諸要因に規定されている部分が大きいとするならば，すべての子どもにとって一律に最良な指導方法などというものは存在しえず，子どもの特性にあった指導の方法と形態がとられなければならないという結論になる。ATI研究のこのような示唆は，教師にとって意

義深いものがある。

　しかし他方では，この考えを学校教育の中で突き進めていくならば，最終的に個人個人がその特性に応じた別々な方法において学習していくことが最良の方法ということにもなり，もはや集団的な学習の契機は意味をなさなくなる。それは，学校における授業というものの目的を知識の獲得のみに一面化してしまい，かつ仮に知識の獲得ということに限定するにしても個々の子どもの学習スタイルを固定化することにもつながる。だとするならば，現実の学校現場においては実現が不可能なことばかりか，学校における教育活動の質を歪めてしまうのではないだろうか。

ティーム・ティーチング（Team Teaching．協力教授組織，略称T・T）
T・Tは，固定的な学習集団からの脱皮を図り，集団のサイズや構成員（子どもたち）を弾力的に変化させることによって，子どもたちが学習を進めていく上での差異やニーズに応えていこうとするものである。しかしそこには，ともすると陥りがちな落し穴もあることに留意しておかなければならない。

　その代表的なものの1つが，前述した「習熟度別」の学習集団編成を伴ったT・Tにある。今日の深刻な学力格差の現実に直面し，必要とされる様々な制度的改善が待ち望まれていると同時に，すでにそれぞれの学校毎・教員毎の問題解決への改善努力が取り組まれてきている。しかし，安易な学業成績による集団編成とそれぞれのレベルにあわせた授業構成は，子どもたちとその親たちの間に不要な差別意識を生み出しかねないし，担当する教師自身の間にもいつの間にか「低い」習熟度グループに対してどこか「見限った意識」を形成し，結果としてグループ間の習熟度は固定し拡大してしまいかねないこともまた事実である。習熟度が停滞している子どもたちに対しては，そのような点を慎重に配慮した上で対応することが是非とも必要であり，その子どもたちのグループは少人数編成を図るなどして個別指導が十分に行き渡るようにすることが不可欠である。

　もう1つの落し穴は，子どもたちの興味・関心を尊重して学習展開を組織しようとするところにひそんでいるように思われる。例えば「学習課題別」

の集団編成を採る際に見られがちなのであるが,その学習課題が,仮に社会科で「地域の伝統工芸」といった全体テーマの下でいくつかの具体的伝統工芸を教材として取り上げ,その教材毎にグループに分かれて学習活動が取り組まれるような場合と,国語科であるひとつの文学作品を教材とした学習において,作品の中で子どもたちが関心を寄せた登場人物毎からの視点を定めてグループ編成を行い,作品の読み取りを進めていくような場合とでは,少しばかり意味合いが違ってくるようにも思われる。なぜならば,後者の場合,作品の主観的で一面的な理解に陥る危険性があることは否めず,それを防ぐためには課題別学習に入る前に共同で前提的な学習作業を行ったり,課題別の学習作業の後にそれぞれのグループでの学習成果を持ち寄って交流するなど,全体として作品のトータルな理解を踏まえて作品世界に浸り,味わうことができるように指導することが不可欠であると思うからである。子どもたちの興味・関心を尊重することと作品の勝手な主観的かつ一面的な理解のままで放任することとを混同してはならない。

3 情報機器等を活用した授業づくり

　視聴覚機器の普及　今日の学校において,パソコンやプロジェクターなどの教育機器は大きな役割を果たしている。現在では授業実践において,パソコンに代表される情報機器は日常的に使用されているが,当然昔から存在していたわけではない。情報機器が普及する前には,掛図やOHP(オーバーヘッドプロジェクター)のような視聴覚機器と呼ばれる教具が用いられていた。

　視聴覚機器には,現在ではあまり見られなくなった幻燈,ラジオ,レコード,紙芝居などから,今もなお使用されている標本や図表などまで,多種多様なものがある。技術の進歩が進み,音声だけではなく映像を用いた教育活動が取り組まれるようになると,テレビ放送やビデオの映像も使用されるようになった。家庭用のテレビやビデオデッキが普及すると,教師が自ら映像

を作成・編集することが容易になり，録画したテレビ番組や教師が制作した映像教材などを授業中に使用することも珍しくなくなった。

　以上のような，視聴覚機器はその特徴をもとに大きく4種類に分類されている。投影系視覚，非投影系視覚，音声，映像である。投影系視覚の機器は，OHP（オーバーヘッドプロジェクター）やスライドに始まり，書画カメラ（実物提示装置）やプロジェクターなどが含まれる。非投影系視覚の機器には，絵や写真，理科で使用する人体模型や原子モデルなどの模型が含まれる。音声にはLL（Language Laboratory），ＣＤなどが含まれ，映像には，映画，DVD，コンピュータなどが含まれる。ただし，最近では音声と映像の機能を合わせもつコンピュータが一般的であるため，分類をまたいだ視聴覚機器も存在している。また，コンピュータとプロジェクターなど複数の機器を組み合わせることによって，機器の使用効果を高めることも可能になっている。

　視聴覚教育の定義　　視聴覚機器を使用した**視聴覚教育**は，マクラスキー（McClusky, D.F.）やアレン（Allen, W.H.）の考えをもとに，学習指導を一層効果的にする教育方法として広がった。

　視聴覚教育に関する定義は様々にある。例えば，視聴覚機器の機能に注目したものとして，1957年の視聴覚教育研究協議会（現在の日本教育メディア学会）の心理学部会による「入門的定義」がある。この定義によれば「(1)きわめて経済的である，(2) 勉強の効率が上がる，(3) 子どもに考えさせる，(4) 子どもがよくわかる，(5) 学習意欲を盛り上げる」という機能をもつものであるとされている。また，1979年に中野照海が示した教育工学的定義もある。これは1963年のNEA（National Education Association：全米教育協会）による定義を参照し示したものである。その定義を部分的にまとめると，視聴覚教育とは，教育行為を最適（効果的）とするために，画像的メッセージと言語的メッセージの特質を生かした教授メディアの制作，選択，および利用を行うものである。

　視聴覚教育の実践　　視聴覚教育に用いる教具というと，模型や大きな図表などの展示物や，テレビやパソコンなどの電子機器をイメージするが，教

科書や資料もその教具に含まれる。過去を遡ってみると，代表的なものとしてコメニウス（Comenius, Johan Amos）の実践が挙げられる。コメニウスは自身が著した『大教授学』（1632）において，「あらゆる人にあらゆる事柄を教授する普遍的な技法を提示する」という教育に対する考えを示している。そして，子どもの認識は「感覚→イメージ→記憶→個々の知識の帰納からの普遍的認識→判断」という段階的なものであると考え，その認識に有効な教材として，世界初の絵入りの教科書である『世界図絵』を作成した。この本では，様々な事柄を取り上げ，絵を用いながら会話形式の説明が記されている。コメニウスはこの本に，子どもの本性に合うような絵を用いることで，暗記から子どもが解放され，子どもが世界の主要な事物に関する知識を「遊びたわむれる」うちに認識ができるようにという期待を込めていた。この本は様々な言語に翻訳され，その広がりは世界規模である。このコメニウスの考えは，その後の歴史に登場してくるルソー（Rousseau, J.J.）やペスタロッチ（Pestalozzi, J.H.）の思想にも影響を与えた。

視聴覚機器が持つ有用性　地域社会学校（コミュニティ・スクール）を提唱したことで知られるオルセン（Olsen, E.G.）は，自身が著した『学校と地域社会』（1945）において，学校を社会から隔絶された孤島とするのではなく，生きた社会と結びつける必要があると述べている。そして，学校と社会をつなぐ10の橋を挙げ，その1つを視聴覚機器とした。視聴覚機器がもつ有用性とは，生き生きとした経験を与えること，地理的に遠距離にある情景や事柄を身近なものにすること，過去をリアルなものにすること，時間を節約することであると述べている。視聴覚機器を利用した学習とは，「代行的経験を通じてなされる代理的学習」であり，実際に体験することが困難な社会・自然的事象に関する認識を助ける役割をもっていると述べている。

　デール（Dale, E.）は教育とは経験を分かちあうことであり，各自のもっているものを共通にすることであり，それは究極的には最も広い意味での人間の相互理解を促すことであると述べている。デールが著した『学習指導における視聴覚的方法』（1969）では子どもに豊かな学習経験をつませるため

に，自身で示した「経験の三角錐」をもとに視聴覚機器を用いた教育の役割を示している。

教育場面における情報機器の活用　近年では教育における情報機器の活用が盛んになっている。代表的な教具には，パソコン，電子黒板，プロジェクター，書画カメラ，デジタルカメラなどがある。これらの機器を使用することによって，これまで使われていたノートや鉛筆が不要になり，教育方法を一新させることをイメージするかもしれない。しかし，実際の活用法の多くは，これまでの教育方法を大きく変えるものというよりも，これまでのものに加えて使用することによって，教育活動を効率化させるために使用されることが多い。例えば国語の時間に，ある子どもの考えを全体で共有するため，黒板に内容をそのまま板書するのではなく，子どもが書いたノートを書画カメラとプロジェクターを組み合わせることによって，スクリーンに大きく映すことであったり，数学の時間に関数のグラフを説明する際に，デジタル教科書と電子黒板を用いることによって，変数を変えたときにグラフがどのように変化するのかを示したりすることである。このように，板書の手間を省いたり，視覚的に示す方が分かりやすかったりする場合には，使用することが有効であると考えられている。この理由として，情報機器を使用する際に，限られた授業時間を有効活用するために設営や準備に時間がかかるものは避け，これまでの授業方法を大きく変えることによる混乱を生じないようにさせるためであると考えられる。

教材作成に際して　視聴覚機器において，近年ではDVD・BDレコーダーやパソコンも手に入りやすく，操作が容易になってきているため，テレビ番組だけではなく，インターネットサイトから映像を取り込み，教材を作成する動きも盛んになってきている。しかし，映像教材が多く用いられるようになっていることで，その作成や保管に注意が必要である。作成に際して，市販されている映像作品やインターネットサイトで手に入れた映像を用いる場合，著作権に関わる問題が生じる。その映像の著作者の権利を侵害する恐れがある編集・複製は「自由利用マーク」が記載されていない限り，原則禁

止である。例え営利ではなく教育目的の編集・複製であっても，結果として著作権者に不利益がある場合，その行為は認められない。ただし，本や新聞などの文書や資料（また映像作品でも一部）は，その用途や使用範囲などによって認められる場合がある。文書や映像を含めた複製の可否に関しては，著作権法第35条の「著作権法」の「学校における著作物の使用について」において定められている。そして，具体的な取り扱いについては「学校その他の教育機関における著作物の複製に関する著作権法第35条ガイドライン」に記載されているため，必要な場合は参照されたい。また，公益社団法人著作権情報センターが著作権制度や著作物の利用に関する問い合わせ用の窓口を設けているため，判断が難しい場合は，そちらを利用することが望ましい。

　映像や記録を保管する際に，DVDのようなディスクに残しておくだけでは，ディスクの傷や記録したデータ形式の違いによって使用できなくなることがある。そのため，映像や記録に関するデータを保存用のHD（ハードディスク）にも入れて保管しておくことが望ましい。保存用のHDは紛失した時のことを考え，所有者だけが中身を確認できるようパスワード設定ができるタイプのものを選ぶと良い。

　授業場面におけるパソコンの活用　　授業におけるパソコンの利用法には，(1) 文章，絵，通信やレポートを作成するための利用，(2) プレゼンテーション資料の作成や成果発表を行うための利用，(3) ネットワークを利用した情報の送受信のための利用，(4) CSCL（Computer Supported Collaborative Learning）のように，子どもたち同士で共同しながら行う学習活動を支援するための利用などが考えられる。

　(1) はパソコンに入っている（必要に応じて追加でインストールした）ソフトを用いた文章作成，表計算，画像処理を行うことである。これは，作業を効率化すること，作成した文章や作品に見栄えを持たせることに有効であるが，完成させるだけであるならば，他人が作成した文章や様式をコピーアンドペーストすることによって容易に終えることもできてしまうため，学習者自身が考えて創り出す活動を意図的に組み込む必要がある。(2) は，これ

まで模造紙や書画カメラなどで行われていた発表の形式を発展させることができる。発表内容を説明する際に写真や動画を用いることも可能であり、パソコンに入っているソフトを用いてスライドショーを行ったりすることもできる。そのため、発表活動において学習者の創意工夫の結果が分かりやすい点では良いが、作成して満足し終わってしまうことがないよう、成果の要点を簡潔にまとめ示すという、発表や報告の聞き手にとっての分かりやすさを意識させる必要がある。(3)はインターネットによる情報の収集、電子メールによる情報の交換、作成したホームページによる情報の発信などを行うことである。このことによって、インターネットを用いて様々な知識を得ることができたり、自分の考えや思いを発信したりすることができたりするため、知識を獲得したり自分の考えを表現する能力が高まることが期待される。しかし、インターネットを用いることによって、地域や保護者だけではなく、学校外の人々との関わりも生じるため、積極的な利用を進めるためには、コンピュータの利用法の理解、情報の見極めや取捨選択、ネットワーク上のエチケットの理解など、**情報リテラシー**の育成を合わせて行う必要がある。(4)は、学習者同士が共同で行う学習活動を想定している。学習者に対して、すぐには答えが出ない課題や明確な正解が無い課題を示すことによって、学習者はその課題の解決に向け、距離が離れている者同士で連絡を取り合って、情報を収集したり、議論をしたりする。この利用法は、学習者が自分の考えを他人に伝わるように示す必要があるため、自分の認識や考えを整理して相手に伝える練習になることや、自分の理解や経験を振り返り考え直すことによって、理解をより明確なものにできるようになることが期待できる。また、他人と意見を交換することによって、自分には無かった発想や自分がもっていない視点を獲得することができる。しかし、活動に入る前に学習者が他人と意見や考えを交換することに対する抵抗感を無くすこと、意見交換や議論が活発になるための課題設定が重要である。

ICT機器の使用　教育活動にICT（Information & Communication Technology）機器を使用する際には、パソコンの活用が中心になる。パソ

コンは，デスクトップ型，ノート型，タブレット型と様々なタイプがあり，それぞれの特徴をふまえて使い分ける必要がある。かつて学校でインターネットを用いる際には有線でつなぐことが基本であったが，今では無線による接続環境も整ってきている。そのため，持ち運びやすさの面から教室内で無線によるネットワークを用いることによって，ノート型やタブレット型のパソコンを用いることが望ましい。

また，パソコンの画面を大きく映し出すためには，プロジェクターが必要になる。プロジェクターは明るさが大事である。最近の機種であれば，黒板に映しても見えるものもあるが，多くの場合は白地のスクリーンやホワイトボードに映し出して使用する。そのため，設置場所に注意が必要である。プロジェクターには持ち運び可能なタイプも多く登場しているが，これまでは持ち運び可能なタイプには画面の暗さと価格の高さに問題があった。しかし，最近では持ち運び可能なタイプでも，画面が明るく手に入りやすい価格のものも出てきている。

このように，多くの教育現場で情報機器を教室で使うための環境が整えられてきている。そのことに伴い，情報機器自体の進化も目まぐるしいものがある。今後登場するものも含め，新たな情報機器は子どもたちの成長を促す可能性を秘めたものである。教師自身がそれらの機器の価値を吟味し，教育実践の質を高め続けていくことを切に願う。

4 総合的・体験的な学習の方法と課題

総合的な学習の時間の創設　総合的な学習の時間は，現在のように全国の学校で取り組まれるようになる以前から，**総合学習**として特定の学校や地域において取り組まれており，様々な教育成果を挙げていた。そのため，平成10年の学習指導要領の改訂以前から，総合学習の導入が提案されていた。しかし，その際に大きく次の2つのことが課題として挙げられた。1つは，学校のカリキュラムを再編成する必要性が生じることである。総合学習の創

設となると，新たな授業時間数を確保する必要があるため，学校・学年経営の改革も同時に求められることになる。もう1つは，多くの現役教師や教職志望学生は総合的な学習を受けた経験が無く，総合学習に関する理論や実践を学ぶ場もほとんど存在しなかったことである。

その後，上記の課題は十分に解決されないまま，平成8年7月の中央教育審議会の答申において，子どもたちの「生きる力」を育むことのできる横断的・総合的な指導を推進する手立てとして，名称を「総合的な学習の時間」とし，総合学習の創設が提言された。そして，平成10年の学習指導要領の改訂において，小中学校の教育課程に「総合的な学習の時間」が創設され，その翌年には高校にも創設された。この授業科目は，各学校が地域や学校，児童・生徒の実態等に応じ，横断的・総合的な学習など創意工夫を生かした教育活動を目的とするものであった。総合的な学習の時間は全面実施以降，教育成果は一部では見られたものの「各学校において目標や内容を明確に設定していない，必要な力が児童に付いたかについて検証・評価を十分に行っていない，教科との関連に十分に配慮していない，適切な指導が行われず教育効果が十分に上がっていないなど」改善すべき課題や実施に当たっての難しさが指摘された。そのため平成15年に，学習指導要領の一部が改正され，授業を実施する上で「各教科や道徳，特別活動で身に付けた知識や技能等を関連付け，学習や生活に生かし総合的に働くようにすること，各学校において総合的な学習の時間の目標及び内容を定めるとともにこの時間の全体計画を作成する必要があること，教師が適切な指導を行うとともに学校内外の教育資源の積極的な活用などを工夫する必要があること」とされた。

総合的な学習の時間の概要　総合的な学習の時間は，社会の変化や現代的な課題に対応でき，児童・生徒の心身の発達に関わる課題に対応できるための新しい学習の枠組みを提供するものである。そのため，既存の枠組みでは十分に追究しきれない複雑で多様な広がりをもった課題の問題解決を考える学習活動を行うものである。具体的な目標は，「(1) 横断的・縦断的な学習や探究的な学習を通すこと，(2) 自ら課題を見付け，自ら学び，自ら考え，

主体的に判断し，よりよく問題を解決する資質や能力を育成すること，(3) 学び方やものの考え方を身に付けること，(4) 問題の解決や探究活動に主体的，創造的，協同的に取り組む態度を育てること，(5) 自己の生き方を考えることができるようにすること」，の5つの要素から構成されている。

　実施する上で配慮すべき事項が示されているが，大きくまとめると次の4点となる。1つは授業で扱う課題であり，国際理解，情報，環境，健康などの横断的・総合的な課題，子どもの興味・関心に基づく課題，地域や学校の特色に応じた課題などを取り扱うことである。2つは教育計画に関することであり，目標及び内容，育てようとする資質や能力及び態度を定め，指導方法や指導体制，学習評価の計画などを示すことである。3つは教育活動に関することであり，自然体験やボランティアなどの社会体験，観察・実験，見学や調査，発表や討論，ものづくりや生産活動などの体験的な学習，問題解決的な学習を重視することである。4つは教育方法に関することであり，グループ学習や異年齢集団による学習など多様な学習形態，地域の人材や教材を生かし全教師が一体となって指導にあたるなど指導体制を工夫することである。

　教科の授業との関連　　教科の授業は，各教科に関連している学問分野を背景として，これまでの科学や文化に関する研究成果を扱い，それは所与の知識の獲得であったり，これまでの考え方を理解するものであったりする。

　それに対し，総合的な学習の時間は，子ども自身の関心に基づいて現実社会に存在する課題を扱うものである。そのため，新たな知識の形成であったり，ものの考え方の発見であったりするように，新たな学習方法であるように感じられるが，重要なことは知識を活用し，これまでの考え方を適用することである。しかしそれぞれに知識の獲得や形成があり，ものの考え方の理解や発見がある。例えば，環境問題は社会的にも問題であり，今後の社会を担う子どもたちにとっては，自分たちの将来に関わる大きな課題である。総合的な学習の時間において，環境問題の調査をすることを想定すると，様々な環境に関する資料を読むためには，国語で学んだ読み書きや文章理解の能

力，算数・数学や社会科で学んだグラフデータの読み取りの能力が必要になる。そして，水質汚染や環境汚染の程度を調べるための実験は，理科で学んだ実験方法や結果を読み取り，考察する能力が必要になる。教科に関する授業と総合的な学習の時間は，取り扱う内容が相互補完的であり，学習を進めていく上で双方の学習の必要性が感じられ，その結果学習意欲が高まるという相乗効果が期待される。

このように教科と総合的な学習の時間を結びつけた教育活動を行うためには，授業のカリキュラム全体の有機的な関連性を高めたカリキュラムデザインを目指す必要がある。

総合的な学習の時間の意義と課題　　総合的な学習の時間で扱う内容は，子どもの興味・関心に基づく課題であるため，子どもの主体的な学習活動を呼び覚まし，その学習活動を通して，子ども自身が学ぶことの楽しさや喜びを実感できる。現代的であり地域や社会全体に関わる課題に対し，各教科で得た認識と関連させながら，様々な視点から学際的に迫っていくものである。そのため，主体的に判断し行動しながらより良く問題を解決する能力の育成が可能になる。また，課題を追究する上で，グループ学習や異年齢集団による学習など，学習や地域の人材との共同が実現できれば，他人と協力して問題を解決する能力の育成を図ることもできる。

しかし，実際の総合的な学習の時間の実践は「体験や活動」の部分が強調されるあまり，活動主義的・イベント主義的なものに傾倒しまうことがある。例えば，総合的な学習の時間をキャリア教育を行うための時間に充てることによって，学校側が指定した高校・大学への見学や職場体験が行われていたり，国際理解教育の時間に充てることによって，受験対策の英語指導が行われていたりする場合もある。このように，総合的な学習の意義や可能性に対する不十分な理解や学校側の都合によって，教科と総合的な学習の時間が二元化されたカリキュラムになってしまっている現実もある。

総合的な学習の時間における教育評価　　総合的な学習の時間は，教科の授業とは教育内容・方法が異なっている。そのため，教育評価は学習指導要

領解説において「ペーパーテストなどの評価方法によって数値的に評価することは，適当ではない」とされており，総合的な学習の時間の評価法は「信頼される評価の方法であること，多様な評価の方法であること，学習状況の過程を評価すること」の3つが重要であると述べられている。

「信頼される評価」とするためには，評価の観点や評価規準をあらかじめ設定する必要がある。授業では子ども自身が定めた課題を追究していくため，他の授業科目のように，評価規準を明確に定めることは困難である。そのため，多面的に子どもたちの成長を捉えることができる評価法が望まれる。そのため，1つの評価法だけではなく「多様な評価の方法」を組み合わせて実施することが望ましい。評価法の例として，学習指導要領解説には，観察による評価（例えば，発表や話し合いの様子，学習や活動の状況などの観察），制作物による評価（例えば，レポート，ワークシート，ノート，作文，絵），ポートフォリオによる評価（例えば，学習活動の過程や成果などの記録や作品を計画的に集積したもの），パフォーマンス評価（例えば，ある課題の中で身に付けた力を用いて活動するもの），児童・生徒の自己評価や相互評価（例えば，評価カードや学習記録などによるもの），他者評価（教師や地域の人々などによる評価）などが示されている。そして「学習状況の過程を評価」するためには，学習活動の開始前，途中，最後のそれぞれに評価を位置付ける必要がある。

実践を行う際の留意点　授業を行う上で，活動期間の序盤にあたる導入段階には，子どもに学習課題を自覚させるしかけを行うことが必要であり，活動期間中には，1か月や学期ごとなど一定の間隔で進捗状況を把握することが必要であり，活動期間の終盤にあたるまとめの段階には，学習成果を子どもたち同士や地域や保護者などと共有することが必要である。

導入段階における学習課題を自覚させるしかけは，それぞれの子どもたちが，どのような学習課題を持ち，課題を追究するためにどのような取り組みを行うのか，その課題を追究する意義は何か，そして取り組みの見通し・計画が現実的かという点を意識しながら確認することである。課題を追究して

明らかになることが，単なる自己満足に終わらないよう，地域や社会生活にどのような貢献ができるのかについて子どもたち自身で考えを持つことができるようになりたい。活動の途中で困難に直面し，試行錯誤することや当初の計画を必要に応じて修正することや自分一人では不可能なことも他人に助けを求めたり，他の子どもと協力して計画を進めたりすることができることが望ましい。

活動期間中の進捗状況に関する把握は，子どもと教師の双方にとって重要である。活動期間中には取り組みが，どの段階まで進んでおり，このまま進めて良いのか，それとも少し修正が必要なのかなどを把握するなど，何度か取り組みの成果や課題を確認する機会を設けることである。教師はその進捗状況をふまえ，必要な指導を行いたい。

活動のまとめの段階における学習成果の共有は，取り組みの成果を個人やグループだけのものとせず，広く仲間や活動に協力してくださった人と交流することによって，学び合うことが必要である。そしてこの交流・学び合いの活動を通して自らの学習成果を集団で吟味する。子どもにとっては，自らの学習成果を他者と交流し，学び合い，集団で吟味していく活動を通して，自らの取り組みに対する自己および他者による評価が行われることになる。他人からの評価を聞くことにより，今後の学習意欲を高め，自分自身の課題を把握することにつながることが期待される。

伊那小学校の実践　長野県伊那市の伊那小学校は「総合的・体験的な学習を通して子どもたちに自ら学ぶ意欲の回復を図ることが大切」という思いから，総合的な学習の時間（伊那小では総合学習）を学習活動の中心に位置づけて，教育実践に取り組んできた学校である。この教育実践をもとにした，公開学習指導研究会は30年以上も続いており，毎年全国から何百人もの教師や教育研究者などが参加している。伊那小では「子どもは，自ら求め，自ら決め出し，自ら働き出す力を持っている存在である」という子供観を礎に，総合的な学習の時間を教育課程の中心に据え，子どもの求めや願いに沿って学習を展開している。このことによって，子ども自身が学ぶ力を持った，主

体的な学習を創造することを目指している。

　また，伊那小の特徴として，評価に用いる通知票を廃止していることが挙げられる。その代わりに，児童の保護者と個別懇談会を設け，学業・性格・行動・身体などについて話し合う機会を設けている。その懇談会を通して，児童の学校における様子や学習状況について話をし，家庭と学校での指導を一体化させるための取り組みを行っている。

　体験的な学習　次に，総合的な学習の時間の内容を見ていく。総合的な学習の時間に関する特徴の1つは，体験的な学習方法にある。学習指導要領の学習活動を行う際の配慮事項に「自然体験やボランティア活動などの社会体験，観察・実験，見学や調査，発表や討論，ものづくりや生産活動など体験的な学習，問題解決的な学習を積極的に取り入れること」とある。しかし，この体験的な学習は，先にも述べたように活動主義・イベント主義，さらには単なる遊び程度のものに流れがちとなる危険性をはらんでいる。

　体験的な学習の質を維持するために必要な留意点について，コルプ（Kolb, D.A.）の体験的学習理論を手がかりにして考えていく。コルプの「体験的学習モデル（experiential learning model）」は，図表に示されているように，基本的に4つの学習段階とその段階のサイクルによって構成されている。私たちは，日常生活を通して様々な「具体的経験（concrete experience）」を直接的に行っており，そして意識の有無に関係なく，経験した時間の系列や経験内容について，共通要素をもとにまとめたカテゴリーなどに従って整理を行っている。その整理は，経験を対象化して見つめ直す「反省的観察（reflective observation）」という思考活動である。その思考活動から導き出されたものが，私たちが抱く固有の物事の考え方や見方，物事に対する理論や信念などといった「抽象的概念（abstract conceptualization）」である。一度そのような抽象的概念が出来上がり，保有されるようになると，今度はそれらに依拠しながら新しい状況下において「具体的経験」に働きかける活動である。「能動的実験（active experimentation）」を通して，さらに新しい「具体的経験」へと進み，スパイラル的に循環していくものである。

第3章　教育方法の計画と実践　73

　このコルブの学習モデルは，個人が自然に営む思考活動に即して描かれている。このサイクルが有効に循環していくためには，教師がその学習サイクルの途中で適切に関わることが必要である。その関わりとは，「反省的観察」を意識的に行うための援助であり，個人の経験とこれまでの人類が蓄積した科学・文化・芸術などの諸成果とを結びつけるために行う援助のことである。ただし，教師が子どもに押し付けるものではなく，子ども自身で新たな見方や考え方，理論や信念を獲得できるようなはたらきかけが大事である。さらに，学習を個人の中で留まらせないためにも，コルブの学習モデルを個人レベルから組織レベルの学習モデルへと転換させることによって，一人ひ

図表3-2　体験的学習のプロセス

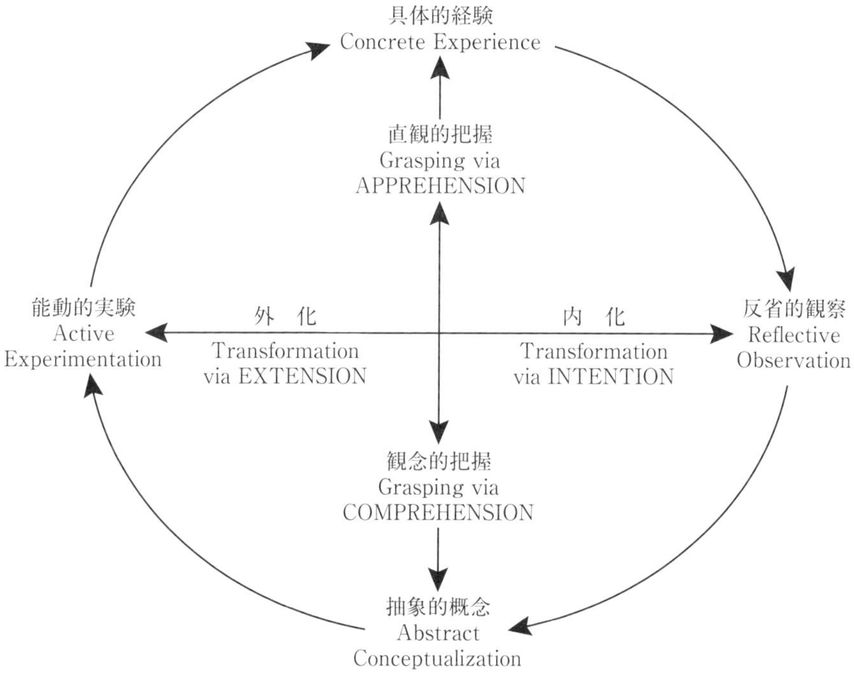

具体的経験
Concrete Experience

直観的把握
Grasping via
APPREHENSION

能動的実験　　　外化　　　　　　　内化　　　反省的観察
Active　　　Transformation　　Transformation　　Reflective
Experimentation　via EXTENSION　　via INTENTION　　Observation

観念的把握
Grasping via
COMPREHENSION

抽象的概念
Abstract
Conceptualization

※D. A. Kolb, Experiential Learning —— Experience as The Source of Learning and Development (Prentice Hall PTR, 1984), p. 42. より

とりが多様な時間と空間の中で形成した個人経験・概念について他人と共有化し，時には他人と練り合うことを通して洗練させながら，その人々が構成する組織における共有財産として蓄積できるしかけが必要になるであろう。

リフレクション（reflection）　上記では「反省」という訳語をあてたが，「自省」「内省」さらには哲学的用語としての「省察」といった訳語，あるいは俗語的な「振り返り」といった用語で語られる，このリフレクションという思考活動は，体験的な学習の質的な成否を握る重要な営みである。「振り返り」という用語は行為が終わった後での営みであるとイメージしがちであるが，ショーン（Schön, D.）は，そうした行為後に行為を振り返って営まれる「行為についての反省（reflection-on-action）」と，行為の最中に営まれる「行為の中での反省（reflection-in-action）」との2つの概念を提示している。後者は，まさに行為の中で状況と対話しながら次の行為のあり方を判断・意思決定していく営みを意味している。

このような反省的な思考と行為を通して，私たちは自らの体験にもとづいた固有の物事の考え方や見方，物事に対する理論や信念を生み出し，次にはそれらを使って新しい状況を解釈し，対処しようとするのである。したがって，このリフレクションという思考活動がより質的に充実したものとなることが体験的な学習を実り豊かにすることにつながっていく。

では，子どもの学習の場合，このリフレクションという思考活動をより質的に充実したものに，そしてより自然なかたちで促すために，子どもが取り組むべき具体的な活動形態が配慮されておかなければならない。例えばそれは，学習活動の終わりの段階では，取り組んできた活動をレポートや本といったものにまとめる活動，取り組んできた活動から導き出された結論や見解などを討論・発表しあう活動，あるいはそれらの活動全体を踏まえて第三者に提案・発信していく活動などが，同時に学習活動の途上の段階では，仲間同士で教え合い相互評価する活動，学習の進め方や達成状況を点検・評価・改善していく活動などが，それぞれ有効だと考えられる。そしてそこには当然，教師の指導や学ぶ仲間の協力が必要である。

【参考基本図書等】
・細谷俊夫『教育方法 第4版』（岩波書店，1991）
・稲垣忠彦『総合学習をつくる』（岩波書店，2000）
・稲垣忠彦・佐藤学『授業研究入門』（岩波書店，2000）
・堀江固功・浅野孝夫『教育メディアの原理と方法』（日本放送教育協会，1998）
・国眼厚志『今日からすぐに取り組める！学級担任のための普通教室ICT活用術』（明治図書，2013）
・佐倉啓男『改訂 視聴覚メディアと教育』（樹村房，2012）
・高橋純・堀田龍也『すべての子どもがわかる授業づくり―教室でICTを使おう―』（高陵社書店，2009）
・田中耕治『よくわかるアカデミズム・＜わかる＞シリーズ　よくわかる授業論』（ミネルヴァ書房，2007）
・山内祐平『デジタル教材の教育学』（東京大学出版，2010）
・佐藤学『カリキュラムの批評―公共性の再構築へ―』（世織書房，1996）
・佐藤真『「総合的な学習の時間・体験活動」研修』（教育開発研究所，2005）
・伊那市立伊那小学校『共に学び共に生きる―伊那小教育の軌跡―』（信州教育出版社，2012）
・平野朝久『続　はじめに子どもありき―基本原理と実践―』（学芸図書，2013）
・伏木久始「教員養成カリキュラムにおける『総合学習』の教育方法上の課題―総合的な学習の指導力量形成との関連に着目して」『信州大学教育学部紀要』　112号　193-201頁2004。
・菅原至「学校カリキュラムのデザインを再考する（1）―教科学習と総合的な学習の関連を習得型・活用型・探求型学習から考察する―」日本学校教育学会編『学校教育研究』　23号，48-59頁，2008。
・佐藤真・香田健治「『総合的な学習』の評価研修に関する一考察―評価研修後の質問紙調査結果を手がかりとして―」日本学校教育学会編『学校教育研究』　27号，120-131頁，2012。

【コラム3：学級編制のしくみ】

1.「公立義務教育諸学校の学級編制及び教職員定数の標準に関する法律」
（1958年制定，以下「義務教育標準法」と略称）

　この法律は，各都道府県の公立小・中学校等における一学級の児童・生徒数の標準を定めており，それにもとづいて各都道府県教育委員会が基準を定め，同委員会と協議し同意を得て当該学校を設置する地方公共団体の教育委員会が編制を行い，その方針のもとに各学校が学級を編成する仕組みになっている。なお，「編制」は制度上の用語であり，「編成」は具体的な行為を意味するといわれているが，一般には「編成」が用いられることが多い。

　同上法律が定めているのはあくまでも「標準」にすぎないのであるが，この標準にもとづいて公立小・中学校等における教職員定数が算出され，国庫負担額も決定することから，実質的に全国画一的な学級編制基準となってきている。公立高等学校の場合は，「公立高等学校の設置，適正配置及び教職員定数の標準等に関する法律」（1961年制定，以下「高校標準法」と略称）によって同様の取り扱いがなされている。

2. 学級編制基準の弾力化と少人数学級編成

　現在の一学級の児童・生徒数の標準は，法律制定時からの変遷でみるならば，小・中学校の場合は1959年度50人，1964年度45人，1980年度40人，高等学校の場合は1959年度50人，1967年度45人，1993年度40人，となってきており，2011年改正によって「40人学級（ただし，小一学年は35人）」となった。「第7次公立義務教育諸学校教職員定数改善計画（高校は第6次，2001〜2005年度までの5カ年計画）」はスタートし，義務制及び高校の標準法改正（2001年3月）は行われたが，そこでは学級編制の基準を40人のままとした上で，各都道府県における弾力的な取り扱いを認めるものであった。すなわち，第7条2項で，小学校における算数・理科・国語，中学校における数学・理科・英語などの教科の授業で20人程度の少人数指導を可能とするために必要な教員の数を教職員定数に換算し予算措置したこと，また第3条2項で，都道府県の判断で40人以下の少人数学級が制度として可能にしたこと（ただし国の基準を超える教

員の給与への国庫負担はない）である。

　こうした国の方針を受けて，いくつかの各都道府県レベルでは，自らの費用負担で小学校低学年から少人数学級を実施するなどの施策を決定し始めている。例えば山形県では，2002年4月から2004年度までに公立小学校全学年に，21〜33人の少人数学級を段階的に導入することにした。また秋田県では，小学校1〜2年とともに中学校1年にも30人程度の少人数学級を導入することにした。

3. 諸外国の学級編制基準・内容との比較

　以上のように一定の改善は図られてきているものの，諸外国と比較してみると，まだ遅れているのが実態である。例えば，アメリカ合衆国（ケンタッキー州の事例）では就学前教育から第3学年の上限人数は24人，イギリスでは初等学校第1〜2学年の上限人数は30人，ドイツでは基礎学校の標準人数は24人，ロシア連邦では初等中等学校の上限人数は25人，などとなっている（文部科学省編『教育指標の国際比較（平成25年版）』より）。

　小規模学級の効果に関する調査研究は，アメリカにおいて数多く行われてきており，その内の多くの結果が生徒の学力面および情意面において上昇が見られること，特に就学前から第3学年の年齢段階において効果が見られることなどを指摘しているといわれる。日本も，国として財政的保障を取りながら少人数学級実現を前進させること，むろんそれとともに従来にもまして個別指導や小集団活動指導を工夫することなどが求められているといえよう。

【参考基本図書】
・橋口幽美『学級編制のしくみを考える』（自治体研究社，2001）
・橋口幽美『本当の30人学級を考える』（自治体研究社，2003）
・柳治男『〈学級〉の歴史学』（講談社選書メチエ，2005）
・山﨑洋介編著『本当の30人学級は実現したのか？』（自治体研究社，2010）
・OECD編著『図表でみる教育：OECDインディケータ』（明石書店，各年版あり）

第4章　教育評価の理論と応用

　学校生活の中での思い出として，誰もがもっているのは，通信簿を渡されたときの緊張感と，そっとのぞき込んで見たときの嬉しい気分，時にはがっかりした気分であろう。お父さんやお母さんの喜ぶ顔，あるいは怒った顔が一瞬頭に浮かんできた，あの時の気持ちである。そこには，多くの場合，各教科毎に「1・2・3・4・5」(中学) という数字が並んでいたのである。

　しかし，相対評価から絶対評価へ変換 (2001年) となり，加えて個人内評価やポートフォリオ評価などの子ども一人一人の学習の努力やプロセスを重視した評価方法なども実践の中に取り入れられてきている。

　また，教育評価という営みは，子ども (学ぶ側) の学習状況を評価する営みだけではなく，教師 (教える側) の教授状況を評価する営みでもある。教師が実践の中で採用した教育内容や教材・教具，教育方法や教育技術，あるいは授業展開の構成やその中での活動形態なども評価の対象となり，その結果は子ども (学ぶ側) の学習状況の評価結果とも照らしあわされながら，たえず実践の改善に役立てられていかなければならないのである。そのような意味では，子ども (学ぶ側) の学習状況の評価と教師 (教える側) の教授状況の評価とは不可分のものとしてある。

　国の教育政策としても，「指導要録」(後述) の評価方法が相対評価から絶対評価へ転換されることによって，通信簿および調査書の評価方法も変更されるようになった。

　こうして，教育評価問題は学校現場で一気に重要課題となってきたのである。

　本章では，まず子ども (学ぶ側) の学習状況の評価について論じ (第1節)，次に教師 (教える側) の教授状況の評価について論じ (第2節)，最後に両者

の新しい動向について論じて（第3節）いくことにしたい。

1　子ども（学ぶ側）の学習状況の評価

五段階相対評価　いわゆる子ども（学ぶ側）の学習成果を評価する意味での学業成績考査は，中世以来，口頭試問や論文体筆記試験の形態をとっていたが，必然的にそれは極めて判定基準の曖昧な，判定者である教師の主観性の強いものであった。この伝統的考査方法にみられる主観性を排除するために，ガウス曲線（正規分布曲線，正常分配曲線）の分布理論に依拠して，相対評価原則を提唱したのが，教育測定運動であった。そしてこの運動は，測定対象を，たんに学業成績のみならず，人間の能力や素質などまでにも次第に拡大していった。今日の学校現場を支配している，いわゆる五段階相対評価も，この運動に起源をもつといえるのである。

図表4-1　五段階相対評価

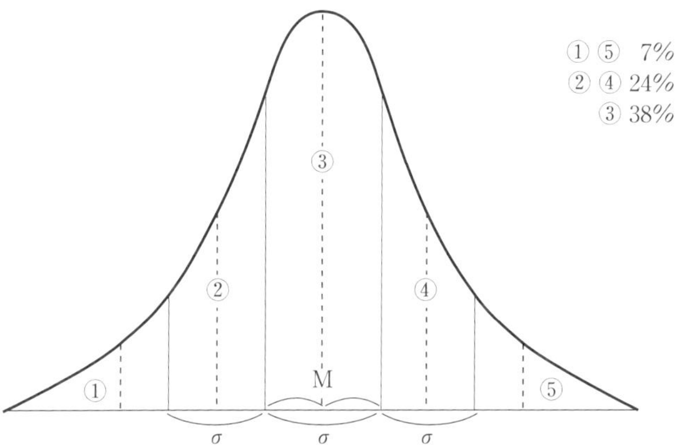

① ⑤　7%
② ④ 24%
③ 38%

※ σ = 標準偏差（シグマ）

図表4-1で表したように，五段階相対評価は，上で述べた正規分布曲線の理論をもとに，1つの学級内，あるいは1つの学年内の子どもたちの学業成

績を5つの段階に分け，ランクづけするものである。本来はランクづけされる対象が同じ条件の下でもたらされた，しかも大多数存在するものであることを前提としているにもかかわらず，生育歴や生活環境も異なった，しかも一学級40人程度にすぎない数の子どもたちをも，定められた分配の割合（①と⑤が全体の7％ずつ，②と④が同24％ずつ，③が同38％）で割り振り，ランクづけしてしまうのである。

　適用に当たっての前提条件的にそもそも無理があると思われるが，実施上においても次のような3つの問題点があるのではないだろうか。第1は，相対評価であるため，子ども一人一人の努力の過程が評価されるのではなく，結果として周りの仲間との順番争いとなるために，努力しても評価上は上がらないことがしばしば起こり，子どもたちの学習意欲が低下してしまうことである。第2は，子どもたちやその保護者たちに集団の中での位置＝順番を知らせることはできても，今後どのような努力をすれば良いのかという具体的な学習改善のための情報＝課題を示しえないことである。第3は，集団の中での位置＝順番という結果からだけでは教師自身も自分の授業改善のための情報を導き出しえないことである。子どもたちをランクづけする作業はあっても，これから自分の授業のどこをどう改善していったら良いのか，そのための情報を得る作業とはならないのである。

　相対評価と絶対評価　　評価のあり方としては，対極に位置する相対評価と絶対評価とがある。図表4-2は，その2つの評価方法に対応したテストをいくつかの観点から特徴づけたものである。第1の「指標」という観点からは，相対評価が一定の集団内での得点分布を拠り所として集団内での位置＝順番を示すのに対して，絶対評価は到達すべき目標を拠り所として評価時点での達成状況を示すものであるといえる。第2の「目的」という観点からは，相対評価が集団内での位置＝順番を示すものであるから入学試験のような選抜には便利であるのに対して，絶対評価は到達すべき目標に対する一人一人の達成状況を示すものであるから個人ごとの達成状況の把握と指導法の選択・決定に有効であるといえる。第3の「テスト問題のつくり方」という観

点からは，相対評価が対象となる全ての領域をできる限り広くおおう問題，かつ得点の変動性を意識的に大きくし得点分布が正規分布に近づくような問題の作成を心掛けるのに対して，絶対評価は到達すべき目標を正確に反映しているような問題，到達すべき目標に対する達成状況が正確に把握できるような問題の作成を心掛けることになるのである。

図表4-2　絶対評価（目標準拠）型テストと相対評価（集団準拠）型テストの比較

	絶対評価型テスト	相対評価型テスト
指標	目標	集団の得点分布
目的	個人の現状把握とそれに応じた指導の決定	順位づけ，(入学試験などの) 選抜
テスト問題のつくり方	教科の内容に即した，客観的な系統性をもったもの。目標を正確に反映するよう配慮したもの	対象となる全領域をできる限り広くカバーしたもの。得点の変動性が大きくなるように配慮したもの
得点分布	考慮しない	正規分布に近づくよう考慮する
教授・指導の条件	テストの結果と関連づけられ，指導のあり方の適不適が検討される	無関係とみなされる
誤答・つまずきに対する態度	つまずきの原因を分析し，指導のあり方の改善に結びつける	つまずきは学力・能力不足とみなされる

したがって，第4の「教授・指導の条件」という観点からは，相対評価が直接的には関係しないものであるのに対して，絶対評価はテストの結果と教授・指導のあり方と関連づけ，教授・指導は適切であったかどうか今後改善すべき点はどのようなところであるのかということが検討されることになるのである。また第5の「誤答・つまずきに対する態度」という観点からは，相対評価が誤答・つまずきは学習者の学習不足（学力不足・能力不足）を意味するものとして捉えられ，それを分析しても意味はないものとして対処するのに対して，絶対評価は学習者がどこで誤答・つまずいているのか，どのような原因から誤答・つまずいているのか（教授・指導のあり方に問題はなかったか）を明らかにすることによって，今後の教授・指導のあり方の改善に活用していく貴重な資料として対処するのである。

以上のように，相対評価と絶対評価は，その特徴上，根本的ともいえる違いを有しているのであるが，それらは両者の評価方法としての優劣を示すものではなく，あくまで両者の利用目的からくる違いを示しているにすぎないのである。したがって両者は目的に応じて使い分けられたり，併用されたりするものなのである。絶対評価にも，上述のような到達度評価（後述）の意味あいの濃いものとは別に**認定評価**（狭義の絶対評価）もある。この認定評価は，たとえば「○○の描いた絵は個性的だ」とか「××の目が理科の実験中輝いていた」といった類いの教師（評価者）の内的な基準や目標に照らし合わして判断・評価されるものである。教師（評価者）による主観的・独善的な評価になりがちではあるが，日常的な教育活動の中では不可欠なものとして随時必要に応じて用いられている実践的な意味あいの濃いものであるともいえよう。

プロセスの評価と自己自身による評価　　上でみてきたように相対評価と絶対評価とはいくつかの点で対極に位置づけられる特徴をもつものであった。しかし他方では，共通の特徴もまたもつものである。その第1は評価する対象がともに教授－学習活動のプロダクト（結果）であること，第2は評価する者がともに教師（教える側）であること，という点である。

それに対して，評価する対象を，教授－学習活動のプロダクト（結果）ではなく，プロセス（過程）とすることへ，評価する者を，教師（教える側）ではなく，子ども（学ぶ側）自身とすることへ，と評価のあり方を転換する実践的動向も生まれてきている。それが例えば，前者に関しては**個人内評価**や**ポートフォリオ評価**であり，後者に関しては**自己評価**や子どもたち同士の**相互評価**である（これらに関しての論述は本章第3節で行いたい）。

教育測定から教育評価へ　　さて教育評価（evaluation）という用語が，教育測定（measurement）に対置して使われ始めたのは，1920年代の後半以降，アメリカにおいてであった。

五段階相対評価の説明記述においても少し触れておいた教育測定運動は，測定の客観化には大いに貢献したといえるが，人間の学業成績，さらには能

力・素質までも測定する，そのことのみに自己完結していた。それは，人間を選別し，社会的に分断する働きをなしていく結果となったのである。この測定運動を批判し，評価運動へと方向の転換を推し進めたのが，進歩主義の立場にたつ教育（学）者たちであった。なかでも，中等学校の教育課程の実証的研究として行われた**8年研究**（ハイスクール時代に進歩主義の新教育を受けた学生と伝統的な教育を受けた学生との大学入学後の学業成績を比較するという実験的研究で，8年間におよんだことからそのように呼ばれることとなった）と，それを指導したタイラー（Tyler, R. W.）が説いていることは，評価の過程は教育活動のひとつの総合的部分であり，評価が教育活動の不可欠な一環であるという観点であった。同時にそれは，評価する主体が，教育活動の当事者である教師と子ども，そして保護者自身であることを意味していたのである。こうして評価（evaluation）という営みは，たんに測定して終わりなのではなく，その測定結果を指導の改善にまで結びつけること，したがって真に評価されるべきは，子ども（学び側）の出来不出来ばかりではなく，教師（教える側）の指導のあり方であるともいえるのである。

　診断的評価－形成的評価－総括的評価　では，そのような評価という営みの基本理念を具体化した評価行為は，どのようなものがあるのだろうか。その一例を図表4-3に整理したような診断的評価－形成的評価－総括的評価という一連の活動にみることができる。教育評価には，その位置的・機能的分類から判断するならば，授業実践を開始する前に子どもたちの実態などを把握するための「診断的（事前的）評価（diagnostic evaluation）」，実践の途上で行われる「形成的評価（formative evaluation）」，実践の最後に行われ，子どもたちに自らの達成度を知らせ次の課題を自覚化させると共に，次の実践を構想する際に利用しうる情報を教師にもフィードバックさせるための「総括的評価（summative evaluation）」の3つがある，という考え方が生まれてきた。とりわけ「形成的評価」という考え方は，それが実践の途上で行われるがゆえに，その評価結果をもとにそれ以後の実践（指導方法や形態，あるいは内容の領域や難易度など）の軌道修正・改善を図っていくこ

図表4-3a　3つの評価機能の位置

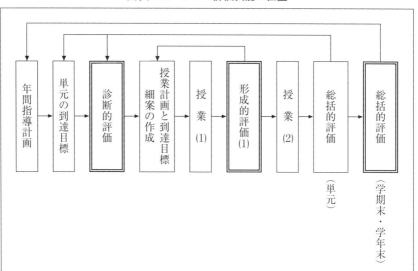

図表4-3b　3つの評価機能の特性比較

	診断的評価	形成的評価	総括的評価
評価の目的	・指導計画立案のために子どもに関する情報の収集（既有の知識・体験、その水準や内容、学習スタイルなど）	・子どもの理解状況（習得の程度や欠点）の把握 ・子どもや教師への情報フィードバック ・指導方針の修正や確定	・指導の反省と改善 ・子どもの成績決定と記録、通知、証明
評価の時期	・学年、学期、単元の事前段階	・指導および学習活動の途上段階	・学年、学期、単元の事後段階
評価の方法	・ペーパーテスト、アンケート、発問応答、作文 ・観察や面談	・ペーパーテスト、アンケート、発問応答、作文 ・観察や面談 ・教師の観察や指導記録の点検	・ペーパーテスト ・作品、レポート ・子どもの自己評価や相互評価 ・評価記録の総括
評価の種類	・絶対評価または相対評価	・絶対評価中心	・相対評価または絶対評価

とに生かしていくことができ，カリキュラム開発の面で有効な方法のひとつである。

到達度評価研究　このような3つの評価機能を取り入れながら，五段階相対評価を克服する実践的な研究として，到達度評価研究運動がある。この研究は，どの子どもにも到達させるべき最低限の基本的指導事項を分析し系統づけたものを作成し，各レベルの具体的到達目標として設定し，それへの到達状況の結果を以後の指導方針の改善に生かそうとするものである。しかし，各項目の幾つが達成されたか，その数を競うようなことが目的なのではなく，それによって子どもたちは自分の次なる学習課題を，教師は次なる自分の指導のあり方を，それぞれ反省し見直す情報を得ようというのである。このような手だてによって，「つまずいたり」，「落ちこぼれたり」している多くの子どもたちの学力を回復し，全ての子どもに教育の実質的な平等を実現しようとするものなのである。

2　教師（教える側）の教授状況の評価

2つのアプローチ　1974年3月，OECD教育研究革新センターの協力を得て文部省は「カリキュラム開発に関する国際セミナー」を開催した。その会議の中で，カリキュラムの開発において可能な，2つの対比的なアプローチが浮かび上がってきた。それは，米国イリノイ大学のアトキン教授が命名したといわれているが，「羅生門的接近法」と「工学的接近法」と呼ばれるものであった。この2つのアプローチの違いは，授業の分析手法に関してもいえるものである。

「羅生門的接近法」　前者の「羅生門的」という呼び名は，映画『羅生門』（原作は芥川龍之介の小説『藪の中』）にちなんでつけられたとされるが，ひとつの事実でもとらえる視点が異なることによって見え方が違ってくるという「視点による認識の相対性」を認めながら，「目標にとらわれない評価」を行おうとする立場である。これは比較的古くから用いられている授業分析

86

図表4-4 授業「登呂の人々のくらし」の展開構造図

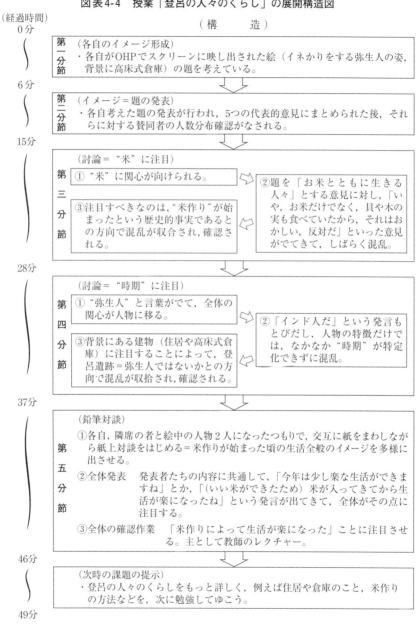

図表4-5　FSIAのカテゴリー

教師の発言	間接的影響	(1) 感情を受け入れること (2) ほめたり，勇気づけること (3) アイデアを受け入れたり，利用すること (4) 発問すること
	直接的影響	(5) 講義すること (6) 指示すること (7) 批判したり，正当化すること
生徒の発言		(8) 生徒の発言——応答 (9) 生徒の発言——自発性
		(10) 沈黙あるいは混乱

（　　　）学校（6）年（社会）科（　　　）先生
——登呂の人々のくらし——　（6）月（13）日

	カテゴリー	1	2	3	4	5	6	7	8	9	10	計
教師	1				1						1	1
	2		3		1		1		1	6	2	14
	3			14	9	5			11	6	2	47
	4	1	1	9	18	7	2		13	20	6	77
	5			5	7	67	4			7	12	102
	6		1		2	4	15	1		2	13	38
	7					1	2	2	2	1		8
生徒	8		1	11	13			2	11	3		41
	9		6	6	20	7	2	2	3	204	38	288
	10	1	2	2	6	12	13	1		38	114	189
	計	2	14	47	77	102	38	8	41	288	189	806
	%	0.2	1.7	5.8	9.6	12.7	4.7	1.0	5.1	35.7	23.5	100.0

〔Ⅰ〕TT（教師発言率）：35.7%，TRR（教師間接発言率）：57.8%
　　PT（生徒発言率）：40.8%，TQR（教師発問率）：43.0%
　　SC（沈黙・混乱率）：14.1%，SSR（発言持続率）：41.4%，等による比率分析

〔Ⅱ〕発問——答えモデル：(4-4, 4-8) 等　　〔Ⅲ〕特徴的セル
　　探究モデル：(9-9) (4-3, 4-9) 等　　　　　 9-9 ………………生徒の発言中心
　　発言促進モデル：(2-2, 2-8, 2-9) 等　　　 3-3, 3-4, 3-5 …生徒のアイデアを受け入れて発問や講
　　批判・正当化モデル：(7-7) (8-7) (9-7) 等　　　　　　　　　義をおこなう
　　沈黙・混乱モデル：(10-10) 等　で分析　　 4-9 ………………生徒の自発性が発揮されている
　　　　　　　　　　　　　　　　　　　　　　 8-2, 8-3 ………生徒の発言をほめ，勇気づける等

の手法についてもいえることであって，無自覚的であれその実際的簡便性ゆえに今日の学校現場における授業研修会に多く利用されている。初めから分析のための一定の仮設的枠組みを持つようなことはせず，実際に授業を観察して得ることのできたあらゆる事実とそれらを記入した授業記録にもとづいて，実践者と分析者がお互いの意見交換を進めていく中で，その授業を分析，評価し，改善の手がかりを得ていこうとするものである。

　例えば，重松鷹泰が提唱したものが，その手法の最初の頃の代表例である。授業展開の流れを幾つかの文節と小節とに区分し，それら相互の関係を明らかにしていくことによって，授業構造を把握していこうとする，質的な分析手法であるといえる。この分析作業を通して，その授業の中で表れた教師と子どもの状態や，そのような状態に変化を生じさせた諸要因といったものを様々な視点から把握し，解釈し，意味づけていくのである。したがって，授業展開の構造とそれを構成している諸要因の状態および状態の変化を「見る目」の豊かさと鋭さとが実践者にも分析者にも区別なく求められるのである。図表4-4は，ある小学校6年生の社会科（歴史）授業の1単位時間分を授業展開に即して構造分析したものである。

　しかし，この手法による分析結果には，必然的に分析作業参加者の経験則的な見方，それゆえ主観性に依拠する部分が多いことになる。確かにその主観性こそを逆に重視し，互いに突き合わせていこうとするところにひとつの特徴があるのだが，多くの学校現場の授業研修会に見られるように，ともすると参加者各自の勝手な印象批評や感想めいたものを述べあうことに終始しがちであるとか，ある身分上の・職務上の権威を持った特定者の独断的な「評価」が下されて終わるとかになりがちであることは否めないのである。

　「工学的接近法」　その主観性という観点での反省を背景として，なんらかの客観的な評価を下そうと開発されてきたのが，上述後者の「工学的接近法」である。この手法も授業の記録にもとづいて分析を行っていく点では前者の手法と変わりないが，事前に分析の狙いを反映したカテゴリー・システムを用意し，授業記録をそのカテゴリーに即してコード化し，データを集

計・解釈していくという，いわば定量的な分析手法である点で前者手法と異なる。

例えば，フランダース（Flandars, N. A.）は，授業における教師と子どもの発言の相互作用過程を約3秒ごとに区切っていき，その区切られたものを10個のカテゴリーにわけ，それらを前後関係から10×10マトリックス表にカウントする。こうしてカウントされた各カテゴリーの集計数値を算出することによって，主にその授業の雰囲気を客観的に把握しようとしたのである。図表4-5は，前掲の図表4-4によって提示した小学校6年生の社会科（歴史）授業の1単位時間分を，今度はフランダースの分析手法によって整理した結果である。

このような手法はデータ処理の煩雑さとその作業に多大な労力と時間とが必要とされること，それにもかかわらず実践者が示す個々の指導技術の意味づけとか刻々変化する子どもの表情や態度の意味づけといったいわば授業過程の本質部分へストレートに接近しえないことなどの弱点を含んでおり，学校現場での授業研修会などではあまり利用されていないのが現状である。

しかし，フランダースの手法は最初の頃のいわば代表例であり，その後の様々な改良点と新しい視点が挿入された手法が開発され，コンピュータの普及とも相俟って従来と比べてかなり簡便に利用できるようになってきている。

授業分析の課題　ともあれ，上述の2つのアプローチのいずれにしても，どちらか1つのみでオールマイティであるはずもなく，両手法の特徴を生かしながら併用することによって，それぞれの分析結果から授業改善のための新たな糸口を導きだしていくことを基本にすえるべきであろう。

家庭用のVTRやビデオカメラの普及によって，最近では個人の家庭でも学校でもそれらを比較的容易に使用できるような条件が整ってきている。操作も簡単になってきているし，再生もすぐにできる。この条件を生かすならば，私たちは，日常の授業実践も積極的にビデオで撮り，自分の授業を振り返ってみることも簡単にできる。さらには，ビデオカメラが複数台あれば，全体の授業風景とともに，共に着目しておきたい子どもにカメラを据えてお

くことによって，授業展開の経過とともに変化していくその子の表れを振り返ってみることもできよう。授業の中での子どもの表れ，特にその内面の変化をとらえることは極めて難しいことである。いろいろな調査方法が開発されてきているといっても，人間の内面の把握をするのに完全な方法などありえないといってもよい。子どもたちが書いた感想文やノート，発言記録やアンケートないしはインタビュー結果を分析するとともに，ビデオがとらえた態度や表情の変化はそれらを補う重要な分析資料として欠かせないものとなろう。

　その際に，子どもの示す「つまずき」に着目したい。「つまずき」とは，ある課題の解決・遂行過程において，既有の経験・知識・技術ではそれが困難である状態のことをいう。例えば，分数どうしのわり算計算が「できない」「わからない」とか，跳び箱が跳び越せないとか，といった事態が具体的に生じたことをいう。一般には，そのような状態に陥らないように上手に指導することが大切であると考えられている。しかし，分数どうしのわり算計算が，何故「できない」のか，どのようなところに誤りをおかす原因があるのか，といった点を分析していくことは，そのような「つまずき」を生み出した授業の方法や内容，具体的な指導の形態や教材・教具の用い方などにおける問題性を明らかにしていくことでもある。当然のことながら，それは，教師にとって授業改善に向けた貴重な資料となる。同時にまた子どもの認識発達という観点から見た場合，この「つまずき」状態には，「つまずいている」者，さらには「つまずいていない」者をも，新しい質の認識段階へと飛躍させることのできる重要な契機が含まれている。たんに数の形式的操作によって計算は「できて」も何故そういう操作でよいのか「わからない」ままに学習が進んでいく子どもより，「つまずいた」子はその「つまずき」を契機とした自己点検によって一層本質的で質的に高いレベルでの認識へと高まっていくことができるからである。

　一時期の定量的な分析手法の興隆から，近年では，授業分析のための新しい視点に立った手法として，最初から分析のカテゴリーを用意するのではな

く，しかも観察対象である授業を長期間にわたって，特に環境と行動との関係に着目しながら，継続的に観察し，記述していこうとするドイル（Doyle, W.）らの「生態学的手法」，あるいは授業評価論の中に芸術の鑑賞家や批評家の態度による教育鑑賞とか教育批評といったものを取り入れようとするアイスナー（Eisner, E. W.）の「芸術的手法」などが提唱されてきている。

　いずれの場合も，観察者なり分析者なりの持っている，授業の本質を鋭くえぐり，記述することのできる力量（アイスナーは，これを"connoisseurship"＝「その道の目きき」と呼んでいる）に着目していることは重要であると思われる。実践経験豊かな熟練教師が授業分析で発揮する力量に学び，それを分かち伝えることのできるものまでに定式化する研究作業が求められている。それとともに，そのような力量を獲得するためには，何よりもまず多くの授業を観察したり，実践したり，経験を積み重ねていくことである。授業の（分析や評価の）研究は，計画－実施－分析・評価－そして再び計画－実施……といった一連の循環的サイクルの過程で，アイスナーのいうところの"connoisseurship"を教師一人一人が獲得していく機能を内に含みこんだ形で進められていくことが必要ではないだろうか。

　授業のカンファレンス　　多くの教師が自らの力量を形成するにあたっての「転機」を生み出すきっかけとして，教師仲間による研究会・サークルへの参加を挙げている。そこで出会う様々な経験を持った教師たちとの交流の中から，教育活動についての基本的な考え方や，教材研究や授業構想についての力量や，あるいは具体的な授業の指導技術などを学んでいくのである。

　稲垣忠彦は，授業づくりを進めていくための力量を獲得するために，「授業のカンファレンス（臨床的研究）」を提唱している。それは，「医師が研修病院において，臨床事例をもとに，集団的に診断と治療法とその結果を検討し，それぞれの判断を交流しつつ，医師としての専門的な力量をきたえ，基礎と臨床とのつながりを形成していくように，学校や研究会で授業を共同で検討し，一人一人の力量を発展させ，さらに教授－学習の理論を形成していくこと，さらにそれをとおして，集団としてのプロフェッションの力量を高

め，ひろく授業の質を変え，学校を変えていく」という考え方と期待に支えられている。

具体的には，同一学年の同一教材にもとづく複数の授業の比較と検討であり，授業をビデオに記録し，集団で検討を行うことを基本とするのである。

それは，理想的には，

「A. 授業者（ボランティア）の決定，／B. 教材の研究・授業案の作成，／C. 2つの授業・ビデオによる記録，／D. 参加者の批評・感想，／E. 授業者の内的過程のコメント，／F. プロトコール（授業記録）の作製，／G. ビデオとプロトコールによる分析，／H. 子どもの評価・アンケート，／I. 授業者によるDGHへのコメント」

というステップをとるのがよいとされている。

それぞれの教師や学校の，今ある条件にもとづきながらも，参加者が共同研究者として，皆，平等の立場で自由に「授業のカンファレンス」を試みていくことが重要であると思う。2つの授業を比較して検討することは，両者の優劣をつけることではなく，ましてや両者の勝敗をつけることでもないとされている。2つの授業づくり過程の中で発揮される，それぞれの教師の主体的判断や意思決定のありようを比較し，検討し，授業者も参加者も互いにそれぞれが学びあっていくことを目的とするのである。

3　教育評価の新動向

通信簿　学業成績の評価方法としては，古くは明治期の「点数法」や「十干法（甲・乙・丙・丁…）」から始まって，「十点法」，「優・良・可」法，そして第二次大戦後の「1・2・3・4・5」という五段階相対評価法へと，その方式を変えてきている。

近年では，小学校低学年においては三段階の評価にしたり，それも数字ではなく「◎＝よくできる，◯＝普通，○＝努力したい」などの印でその達成状況をしめしたり，具体的評価観点欄を各教科ごとに設けたりと，いろいろ

な改善の工夫がこころみられているものも少なくない。名称も，学校によっては，「通知票（表）」とか「あゆみ」とか，学校名を使っての「〇〇っ子」などと様々であり，あるいは通信簿そのものを発行していない学校も見受けられる。

　通信簿は，法的には，歴史的にも現在も，その作成・使用・発行などの義務が定められてはおらず，その記載内容・様式・発行時期も自由である。そもそも通信簿の目的は学校と家庭の往復連絡簿であるからして，それに代わるもの（例えば日常発行される学級通信，授業参観とその後で行われる保護者懇談会，教師と子どもとその保護者との三者面談など）によって本来の目的が達せられればよいのだともいえよう。

　指導要録　　しかし現実には，通信簿の様式や評価方法などはほぼ同様であり，地域によってはその域内の学校が統一したものを使用している場合もある。そのような実態をもたらしている背景には，指導要録（巻末資料参照）というものの存在があるからなのである。学校教育活動における教育目標や内容を定めているものが学習指導要領だとするならば，指導要録は教育評価のあり方を事実上定めているともいえるものである。

　指導要録には，学籍に関する記録，学業成績結果や特別活動の記録，あるいは行動や性格の記録などが記されることになっており，児童・生徒の学籍の記録，学習や健康，行動や性格の状況等を記録しておく表簿である。戦前および戦後の一時期には**学籍簿**と称されていたが，当初は学業成績は含まれておらず，1900（明治33）年の小学校令施行規則から学業成績も記入されるようになったものの，そもそもは戸籍簿的な性格が強かったといわれている。それが第二次大戦後，1949（昭和24）年の文部省通達を経て，翌1950（昭和25）年の学校教育法施行規則の一部改正によって法的にも指導要録の名称変更が行われ，教育指導文書としての性格が明確に打ち出されてきたのである。そして現在では，**学校教育法施行規則第24条第１項によって作成が義務**づけられるとともに，**同28条**において「様式１：学籍に関する記録」は20年間，それ以外の「様式２：指導に関する記録」は５年間の**保存が義務**

づけられている。転学や進学に際しては，その写しや抄本の転・進学先への送付も義務づけられている。

　こうした歴史的経緯をもつがゆえに，指導要録の性格は，外部に対する証明等に役立つ原簿としての性格（対外証明機能）と教育指導のための記録簿としての性格（教育指導機能）との，いわば二重の性格（機能）を併せもつものとなっている。また，指導要録は，従来原則的に非公開であったが，社会全体の情報公開の流れを受けて，個人情報の本人への開示の動きが生まれてきている。指導要録の開示は，当該の学校を所轄する教育委員会に対して求められることから，地方公共団体では条例等の整備を進め，1992年に大阪府箕面市が初めて全面開示に踏み切って以降，それに続くところも次第に増えてきている。しかし，開示を前提にすることによって指導要録内の総合所見などの欄に記入することが形骸化するとの意見も根強くあり，開示に踏み切るところの数は未だ決して多いとはいえず，開示に踏み切るにしても一部項目の開示に止まるところも多いなど，今後さらに議論を必要としている問題のひとつである。

　調査書（内申書）　高校入試などで選抜資料として使用される調査書（内申書と呼ばれることが多い）は，**学校教育法施行規則第78条，第90条によってその存在が定められている**，卒業後進学しようとする学校の校長あてに送付される生徒本人の学習や生活上の記録などを記した書類である。一般に学力試験とあわせて入学選抜のための重要な資料とされているが，法的には入学者の選抜のための資料としないこともでき，その場合は送付を必要としない。

　しかし多くの都道府県では，入試当日の学力試験のみによって合否が決まることの弊害を緩和する意味からも，選抜にあたっての重要な資料として使用している。そのことがまた，中学校生活3年間を受験競争の舞台としてしまったり，生徒もその保護者も調査書を書くことになる教師の目を必要以上に意識し縛られてしまったり，あるいは逆に教師自身も時として生徒の行動を規制し自分に従わせるための道具に調査書を使ったりするなどの好ましく

ない実態を生み出してきているとの指摘もある。

　調査書の様式や記載方式は各都道府県によって異なるが，その記載にあたっての原簿となる指導要録における評価方法や評価項目が使われる場合も多く，例えば学業成績結果の相対評価や観点別学習状況の「関心・意欲・態度」項目の絶対評価による記入の仕方，あるいは行動の記録などの人格面までも点数化する記入の仕方をめぐって問題点が指摘されてきている。そして現在，2000（平成12）年12月4日に出された教育課程審議会答申「児童生徒の学習と教育課程の実施状況の評価のあり方について」，それを受けての翌年4月27日付けの指導要録記載に関する各都道府県教育委員会等への文部科学省通知において，指導要録を相対評価から絶対評価へ改めること，調査書もその改善趣旨を踏まえて取り扱いを再検討することなどが提起されたことによって，学校現場は評価をめぐるあらたな課題を抱えることになった。

　2001（平成13）年改訂新指導要録の特徴　　上の文部科学省通知によって改訂された新指導要録の主な特徴点は，次の3点である。その第1は，各教科の学業成績を表す評定欄の記入の仕方をそれまでの相対評価から「目標に準拠した評価（いわゆる絶対評価）」に改めたことである。これによって戦後日本の学校教育を支配してきたといっても過言ではない五段階相対評価からの転換が図られたのである。

　その場合，準拠すべき目標に関して，「**規準（criterion）**」と「**基準（standard）**」とが明示されることによって，子どもの達成状況とともに実践の成否が正確に把握できるのである。前者は，教育の目標として価値が吟味された教育目標や教育内容のことを指し，一般には「学習のめあて」として語られるものである。それに対して後者は，達成や発達の程度を判定するためのものであり，一般には「質的な水準・段階」として語られるものであるといえよう。

　上の転換の背景には，a）子ども一人一人の進歩の状況や教科の目標の実現度を把握し学習指導の改善に生かす必要性や，b）個に応じた指導に生かす必要性が生まれてきたことがあるが，1998年版学習指導要領によって強調

され始めた c) 基礎的基本的内容が確実に習得されたかを見る必要性や, d) 学校段階ごとの目標が実現されているかどうかを見て学校の説明責任 (accountability) を果たしたり上下の学校段階との接続を確認する必要性もあり, さらには, e) 少子化などにより集団に準拠した評価の客観性・信頼性が欠如してきたこと, などもある。

第 2 の特徴点は, 1998 年版学習指導要領で設置された「総合的な学習の時間」における評価のあり方が提案されたことである。新学習指導要領の完全実施までの移行期間において, ともすると活動主義やイベント主義に流れてたんなる遊びと区別がつかないような実践も少なからず見受けられる中で, 評価のあり方が打ち出されたのである。具体的には,「総合的な学習の時間の記録」欄が新設され, それは「学習活動」「観点」「評価」の 3 つから構成されており, それぞれ文章で記載されるようになっている。「学習活動」は各学校で取り組まれた具体的な活動内容を記入し,「評価」は「観点」に即して児童・生徒が取り組んだ「学習活動」の特徴を記入することとされている。またその際の「観点」とは, a)「総合的な学習の時間」のねらいを踏まえて, 自校の実践に即して, 具体化した観点, b) 教科との関連から, 自校の実践に即して, 具体化した観点, c) 各学校の定める目標や内容にもとづいて設定した観点（例えば, コミュニケーション能力や情報活用能力など）である。

第 3 の特徴点は, 学習指導要領で提起された「生きる力」の育成を図る意味から,「行動の記録」欄の項目設定の見直しを行ったこと（例えば「明朗・快活」を「健康・体力の向上」に代え,「公共心」を「公共心・公徳心」とした等々）,「所見」欄を統合し「総合所見及び指導上参考となる諸事項」欄を新設することによって「児童・生徒の成長の状況を総合的にとらえる工夫ができるように」したことである。

今後の課題　以上みてきたような評価活動における新しい動向は,「教育評価 (evaluation)」という営みを, たんに子ども（学ぶ側）の出来不出来ばかりを測定する (measurement) だけに終わらせず, たえずその結果

を教師（教える側）の指導や授業のあり方を点検し改善していくことと結びつけていく基本姿勢に立脚して，受け止めていく必要がある。

　学校現場で広く用いられるようになってきた「**指導と評価の一体化**」という言葉も，上のような教師（教える側）の基本姿勢の意味とともに，子ども（学ぶ側）からみるならば，自ら学習状況に気づき，自分を見つめ直すきっかけとなり，その後の学習や発達を促すという学習の改善や生き方の確立に評価を結び付けるような意味も込められているものでもあるとして，積極的に受け止めていきたい。

　そのためには，上述してきたように，集団準拠の相対評価ではなく目標準拠の絶対評価によって子ども（学習者）一人一人の学習状況とその達成状況を正しく把握することがまず重要である。そして評価という営みも，総括的評価だけではなく，診断的評価や形成的評価という機能も働かせるような仕組みを作らなければならない。

　同時に，a) 評価する基準を，評価対象者である子ども自身の外部ではなく，内部に求めることへ，b) 評価する対象を，教授－学習活動のプロダクト（結果）ではなく，プロセス（過程）とすることへ，c) 評価する者を，教師（教える側）ではなく，子ども（学ぶ側）自身とすることへ，と評価のあり方を転換することもまた必要である。今日，そのような実践的動向も生まれてきている。例えば，a) に関しては個人内評価，b) に関してはポートフォリオ評価，そして c) に関しては自己評価や子どもたち同士の相互評価である。

　個人内評価は，集団に準拠する相対評価や目標に準拠する絶対評価がともに評価対象である子どもの外部に基準が存在しているのに対して，その子ども自身が有している多様な特性を相互に比較してみることによって全体としての特徴を明確にしていく評価方法であり（横断的個人内評価），またその子どもの過去の状況と現時点の状況とを比較して成長のあり様を明確にしていく評価方法でもある（縦断的個人内評価）。

　ポートフォリオ評価は，「ポートフォリオ」がもともと画家や写真家など

が自分の作品を綴じて売り込みに使うファイルやスクラップ帳のことであるといわれるように，子どもが学習活動として調査・実験・討論などに取り組む中で得られたメモ・データ・記録やそれらをもとにしてまとめたレポートや作品など，あるいは友人や教師からのアドバイス・コメントなども含めて，収録しておき，その子どもの学習のプロセスを把握し，理解し，評価しようという評価方法である。

同時に，子ども自身は，学習活動の中で得られた上記のような様々なものを蓄積し，整理していくことを通して，自らの学習活動を自己評価していくのである。

自己評価は，評価対象者と評価主体者とが同一の評価法であり，子ども自身が自分自身について，自分自身のもつ目標などにもとづいて現時点の状況を解釈し，意味づけ，評価し，さらには次の目標などを自分自身で設定し，それに向けての行動を改善しながら進めていくのである。その際，特に必要とされるのは**メタ認知**（meta-cognition）と呼ばれるものであり，自分の認知のありようを自分自身で認知することである。このような行為が自分自身でより正しくよりスムーズに行えるようになることが自己教育力・自己学習力の形成にとって中核的部分を成すといわれる。

相互評価は，同等の地位の同僚・仲間（peer）同士が，互いに相手の活動を理解しあい，評価しあうものである。子どもたち同士が，自分の作品を発表し，相互に鑑賞し，批評しあう活動も，一種の相互評価であるといえよう。自分とは異なった視点を持つ仲間同士が交流することによって，自分では気づかなかった自分自身の活動や作品の短所・長所に気づいていくことは，集団で学ぶということの意味をも感じ取っていくことになろう。

以上，紹介してきたいくつかの評価方法は，そのどれがもっとも優れた評価方法であるのかとか，どれを使えばもっともよい評価活動ができるのか，といった問題設定の中で考えられてはならない。教育実践上の多様な取り組みの中で，目的に応じた評価方法が選択され，全体としてみると多様な評価方法が用いられることによって，子ども（学ぶ側）にとっては学習活動の改

善が，教師（教える側）にとっては教授活動の改善が，それぞれ進んでいくことこそが重要なのである。

パフォーマンス評価　思考力・判断力・表現力，あるいは活用力・応用力といったレベルの力を育成するために，総合的な学習をはじめとして全ての教科において，課題解決，観察や実験，レポート作成や論述，説明や発表，作品制作や表現などといった学習活動を取り入れることが重要視されるようになってきた。そのような学習活動の達成状況を評価する方法として用いられるのがパフォーマンス（performance）**評価**である。その場合大切なのは，評価する対象としての知識・スキルと，それらの質を段階的に示した評価指標（ルーブリック：rubric）を明確にしておくこと（指標自体も実践過程で絶えず改善されていくことが必要），そして取り組ませる課題ができる限り現実生活で起こりうるような具体的状況・文脈に即した（**真正な＝オーセンテック：authentic**）ものであることなどである。

【参考基本図書】
・東洋『子どもの能力と教育評価〔第2版〕』（東京大学出版会，2001）
・遠藤光男・天野正輝編『到達度評価の理論と実践』（昭和堂，2002）
・梶田叡一『教育評価〔第2版補訂版〕』（有斐閣双書，2002）
・ギップス，C. 著／鈴木秀幸訳『新しい評価を求めて』（論創社，2001）
・西岡加名恵『教科と総合に活かすポートフォリオ評価法』（図書文化，2003）
・西岡加名恵・石井英真・田中耕治編『新しい教育評価入門』（有斐閣コンパクト，2015）
・田中耕治編『よくわかる教育評価』（ミネルヴァ書房，2005）
・田中耕治『教育評価』（岩波書店，2008）
・松下佳代『パフォーマンス評価』（日本標準ブックレット，2007）
・重松鷹泰『授業分析の方法』（明治図書，初版1961）
・加藤幸次『授業のパターン分析』（明治図書，1977）
・藤井悦雄編『比較実験授業とカテゴリー分析』（教育開発研究所，1984）

【コラム4：テストの作成】

1. 測定用具の3つの重要概念
(1) **妥当性**：測定しようとしている目標を正確に測り得る性質
・内容的妥当性：試験問題や課題が測定しようとする内容や能力をどの程度適切に代表しているか
・規準関連的妥当性：試験問題や課題によって求めた得点が外的規準（例えば大学院入試においては入学し課程を修了できる）と合致しているか
・構成概念的妥当性：試験問題や課題が本来直接は測定できない構成概念（例えば批判的思考や創造性などの人間の特質）をどの程度測定できているか
(2) **信頼性**：測定結果（得点など）の一貫性・安定性を持つ性質
(3) **実用性**：効率的かつ経済的な性質

2. テストの技術
(1) **論文体テスト**：いくつかの問題を出し，「～を述べよ」「～を論ぜよ」「～を説明せよ」等々の形で，自由に記述させる様式
　　（長所）思考力・判断力・説明能力などの複雑で高度な理解や判断（その過程と結果）の能力を評価できる，価値観・態度・鑑賞などの能力を評価できる，テストの作成が容易，など
　　（短所）出題範囲が狭くなりがち，採点者の主観が入りやすい，文章表現能力の影響が入りやすい，解答および採点に要する時間がかかる，など
　　（具体例）
　　1) 日本海側と太平洋側の気候を比較せよ（**比較能力**）
　　2) 電気の発明が工業の発展にどんな影響を及ぼしたかを記せ（**関係の理解**）
　　3) 冬，北陸地方に多量の降雪をみるのはなぜか（**事態の説明や推理力**）
　　4) 日本国憲法の内容を簡単にまとめよ（**要約や概括能力**）
　　5) 2つの三角形が合同となるすべての場合を列挙せよ（**事態の分析並びに**

分類能力）

6）カーブしている軌道の内側のレールを低くしてあるのはなぜか（**知識・原理の応用力**）

7）伝統的な日本の家族制度を批判せよ（**評価・批判・鑑賞などの能力**）

8）原子力の平和利用に対する自己の見解を述べよ（**態度・価値観**）

（2）**客観テスト**：問題が構造化されており，解答の記入や選択肢からの選択を求める様式

（長所）多数の問題を出題することができる，妥当性・信頼性が考慮されている，採点が容易，各種のテスト方法を活用できる，解答および採点に要する時間が短い

（短所）断片的な知識や事実の暗記や定着状況を測定することに傾きがち，深い理解力・洞察力・構成力を評価することは困難，問題を作成するために多くの労力と時間を要する

（具体例）

1）最初にラジウムを発見した人は誰ですか（**単純再生法**）

2）日本国憲法第1条　天皇は，日本国の（　　　）であり日本国民の（　　　）の象徴であって，この地位は，（　　　）の存する（　　　）の総意に基づく。（**完成法**）

3）次の文のカッコ中に入る適当な言葉を，後の選択肢の中から選び番号で答えよ。（**選択完成法**）

　　江戸時代の東海道には街道にそって，2，3里ごとに（　　）があり，そこには（　　）といって，武士や身分の高い人がとまる特別の宿屋もありました。そのころの東海道の旅には，箱根に（　　）があり，大井川では（　　）などがあり，苦労がたいへん多くありました。

（1）宿場　（2）関所　（3）ひきゃく　（4）本陣　（5）大名　（6）渡し

4）次のうち，正しいものには○を，正しくないものには×を，つけなさい

（**真偽法**）

　　（　）振子時計の振子を下げれば時計は進む

　　（　）アメリカ合衆国の首都はニューヨークである

5）次のうち，正しいほうに○をつけなさい（**二肢選択法**）

クジラは ｛卵生　胎生｝ である

6）次の中から正しいものを選びなさい（**選択法，多肢選択法**）

Every student must do ｛1. your　2. his　3.their｝ best.

人間・牛・鳥・魚・カエルのどれも持っているものはどれか

　　1. 足　2. ひれ　3. 羽　4. 背骨　5. 毛

7）次の左側の文学書は，誰の作であるかを右側から探し，線で結びなさい

（**組合わせ法**）

　　　奥の細道　　　　　藤原定家

　　　万葉集　　　　　　芭蕉

　　　坊ちゃん　　　　　紀貫之

　　　古今和歌集　　　　島崎藤村

　　　　　　　　　　　　山上憶良

　　　　　　　　　　　　夏目漱石

8）次の英文には，それぞれまちがいが1か所あります。そこに下線を引き，正しい答えを（　）の中に書きなさい。（**訂正法**）

　　1. She are a schoolgirl.（　　　　　）

　　2. There are two book.（　　　　　）

　　3. Does you like the lily？（　　　　　）

9）次の問いについて，日本歴史上，年代の古いものから順に1. 2. 3. 4. 5.の番号を文の頭の（　）の中に書きなさい。（**排列法**）

　　（　）守護地頭がおかれた。

　　（　）立憲政治がおこなわれるようになった。

　　（　）荘園が多く発生した。

　　（　）班田収授の制度ができた。

　　（　）参勤交代がおこなわれた。

※以上は次のものを参考とし，また事例などを引用した。

・橋本重治『新・教育評価法総説（上・下）』（金子書房，1976）

・M. H. オーマンほか著，舟島なをみ監訳『看護学教育における講義・演習・実習の評価』（医学書院，2001）

第5章　教師の発達と力量形成

1　教育実習の役割

教育実習とは　　教員免許を取得するにあたって，実際の教育現場に入り教師としての役割を体験しながら学習を行う機会として**教育実習**がある。教育実習は，教職志望の学生が教師として必要な資質・能力が備わっているかを大学や教育現場が判断する場である。そのため，教員養成の「総仕上げの場」とも言われている。

　教育実習生は実習を通して，現実の教師の仕事について身をもって知ることになる。多くの実習生が，その実際の仕事内容がそれまでに考えていたものとは異なることに戸惑いを覚えるが，教育実習の経験は教師としての成長に大きな役割を果たす。子どもや指導教員の反応を受け，その場であれこれと試したり，これまでの学びや経験してきたことを絶えず振り返ったりしながら，目の前の状況に対応する。このような試行錯誤と省察の経験を経て，教育を受ける立場から，行う立場へと意識が変わっていく。現役の教師の2割程度が「自分の職業として教職を心に決めた一番大きなきっかけ」に「教育実習の経験」と回答したという調査データも報告されている。そのため，教育実習はその後の進路に影響を与える**ターニング・ポイント**になることも少なくない。

　教育実習の内容　　実習期間中に行う活動には大きく2つの領域があり，1つは授業実施に関わる教科等の指導，もう1つは学級経営に関わる学級指導である。加えて，実習先によっては，部活動の指導や学校行事の運営補助などに携わる場合もある。教育実習では，教師の職務を観察し実際に教師としての役割を担うことを通して，体験的に教師の職務を理解することが求め

られる。また同時に，これまで大学等で学んできたことを実践する場でもある。実習は，実際の教育現場において，子どもたちの人間形成に関わる機会でもある。自分の行動が子どもたちに影響を与えることもあるため，子ども一人ひとりの特徴をふまえた指導や関わりに努める必要がある。

授業観察の役割　教育実習は授業を観察できる貴重な機会である。実際に教師となった後，授業中の教師の動きを確認できる場はそう多くない。教育実習の効果をより高めるためには，実習生であっても自分なりの視点を定めて授業観察を行う必要がある。実習期間中は，自らが授業を行う立場も経験するため，授業で用いられている教育方法などに注目することが望ましい。実習先の教師は，目の前の子どもの実態をふまえた上で，教育課題を設定し授業を実践している。例えば，伝えることを重視している教師は，子どもたちの反応や表情を確認しつつ，授業のポイントになるところで間をあけたり，抑揚をつけたりするなど，その場に応じた工夫をこらしている。板書方法1つをとってみても，黒板に書く速さ，書くタイミング，説明のタイミング，教師の立つ位置等，自らが教育を行う意識をもつことによって見えてくるものがある。このような観察を通して，実習生は自分なりの授業スタイルの開発を行うことが大切である。また，自分の担当教科だけではなく，様々な教科の授業を観察することによって，教科によって教え方に違いが存在することが分かる。そのことによって，各教科の特性も認識できる。

　子どもの観察も重要な意味をもつ。子どもたちの表情に注目すると，発表したくないときは下を向いていたり，授業に集中できない時は周りを見回したり，他の子どもたちとおしゃべりをして落ち着かなかったりする様子を確認できることがある。授業を客観的に見ることによって，授業者の立場では気づくことが難しいことが見えてくる。授業を行う立場と受ける立場の両方の視点に立って見ることで，授業を実践する上での注意点が分かる。

指導案の作成に向けて　実習中は授業実践を行うため，授業の指導計画を立てることになる。この際には，教師としての立場と学習者としての立場の両方の面から考えた**学習指導案**作りが求められる。そして，学習活動を考

えるためには，子どもたちの実態を的確に把握する必要がある。学習指導案は，授業を実施するための計画書ではあるが，授業実践を効果的に行うことと共に，授業を振り返るための資料としても使用するため，可能な限り緻密に作成する。指導案を描く上で，これまで大学の授業等で作成した指導案，学習指導要領，インターネットなどに収録された指導案例など，様々な参考になる資料がある。しかし，自分が対峙するのは目の前の生きた子どもたちであるため，それらの資料の内容に固執せず，自分が把握した子どもたちの実態をふまえた指導案を作成することが求められる。

　授業を行うためには，教材作成のための資料調査や予備実験を行う。それらの資料収集や調査・実験結果の分析を**教材研究**という。教材研究を行うためには，実際に指導する子どもたちの理解度や興味関心を考慮し，授業で扱う内容に関連する学問の知見を学ぶことや行う授業の教科科目等の体系性や系統性を理解する必要がある。基本的な授業の流れは，**導入→展開→まとめ**である。導入は，本時で初めて扱う学習内容にスムーズに入るために行うものであり，いわば準備の時間である。この時間で，これから学習する内容に対する子どもたちの興味をひき，学習意欲を高める。そして，本時の目標や課題を確認する場でもある。また，前回の授業内容と関連する内容を扱うのであれば，子どもたちの記憶を引き出す復習の時間に充てられる。展開は，本時の学習を通して身につけさせたい力をつけるために，様々な教育方法を組み合わせながら，授業を行う時間である。まとめは，本時の内容に関する理解や本時の目標の達成を確認する場である。

　教育実習中の学びを深めるために　　実習前・中・後における学びを結びつけることによって，教育実習中の学びの質を高めることができる。実習期間に入る前の事前の準備が無いと，実習中は目の前のことを必死にこなすことに終始してしまい，学ぶべき内容が十分に吸収されないまま，終えてしまう可能性がある。実習前に，教師として育てたい子ども像や理想とする授業を思い描いておくことによって，実習中における学びの質の高まりが期待できる。また，授業を観察するために，授業の導入→展開→まとめという流れ，

教育目標や評価など，授業を構成する要素やその構成要素がもつ役割を理解しておくことが望ましい。

実習は，一般的には**観察実習→参加実習→授業実習**の流れで行われる。観察実習では，主に学校や教師の仕事を知ることや授業参観に充てられる。特定の学年，学級に入り，その学級に関連する教育目標やその目標を実現するための方策を理解すること，教職員の役割や，教職員がどのように協働しながら職務に取り組んでいるのかを観察することが重要である。また，授業参観は，授業の目標，学習指導の方法や技術，評価の方法，子どもたちの学習活動の様子に関する理解を深めるために行われる。授業参観を通して，教科・科目の独自性および教科・科目間の共通性を学ぶこともできる。参加実習は，観察実習に比べ教育活動に関わる度合いが高まる。実際に教育活動に参加したり手伝ったりすることを通して，教師の仕事内容を体験的に学ぶ。授業実習では，実際に教壇に立ち授業を行う。子どもたちに学習に対する関心をもたせながら，教えるべき内容を正しく理解させ，知識や経験を身に付けることができるようにする。毎回の授業の終了後には，指導教員と授業の反省会を行い，よりよい授業ができるよう実際に行った授業を改めて振り返る。授業を行った経験や反省会で知り得たことをふまえ，次の授業の教材研究を行い，学習指導案を作成する。そして，実習後にはこれまでに蓄積した実習記録を見直すことによって，残りの学生生活使い，実習中に得た課題の解決に向けた自己研鑽を行うことが求められよう。

2　学校ボランティア活動が果たす役割

活動の広がり　教員養成教育において，実際の教育現場を体験する教育活動には「教育実習」があるが，最近ではそれとは異なる活動として，学校の教育支援を行うボランティア活動が広がりを見せている。この教育活動は，**学校ボランティア活動**と呼ばれており，その他にも「学校インターンシップ」「ティーチングアシスタント」など，様々な名称が用いられ実施されている。

活動の効果　学校ボランティア活動は活動を行う大学生にとって，現実の教育現場を参観する機会や，直接関わりながら子ども理解を行う機会に溢れている。また，教師の職務を肌で感じながら，理解を深めることも可能である。さらに，現実の教育現場で発生する問題や課題について，学習することも可能である。子どもと直接関わることを通して，有効に働いたことやうまくいかなかったことを振り返り，子どもへの様々な接し方を試しながら学んでいくこともできる。活動を通して現役の教師と関わることもできる。学生は活動において困ったことを教師に相談することによって，教師の経験によって培われた知識や技術を習得することも期待できる。また学生は，教師としてではなく大学で学びながら現実の教育現場に関わることができるため，職業選択を行うための判断材料も得られる。

活動が及ぼす影響　活動に参加する学生は教育現場に関わることにより，教育現場における実践的な経験が蓄積される。そのことによって，将来教師として職務に取り組む際に，リアリティ・ショックに苦しむことを防いだり，そのショック自体を小さくしたりするというメリットがある。一方で，学校ボランティア活動にはデメリットもある。

　学生は教育現場との関わりが密接になるにつれて，教師としての考え方や行動様式を身につけていく。その結果，現状の教育や教師の仕事の取り組み方を客観的に捉えることが困難になってしまうことが考えられる。それは，現在の教育界における課題の改善策・解決策を考えていく上で障害になり得る。例えば，現在の教育現場では当然とされている，教材研究の時間を削りながらも行われる長時間の事務作業，研修や休息の機会を奪っている休日の部活動指導などは，現在の学校教育では必要とされていることであり，その重要性は必ずしも否定できない。しかし，事務作業の多さは子どもと向き合う時間を削ると共に授業内容を充実させることを阻害している。部活動指導は，多様な職務能力を高めるための修養の時間を減らしている。現役の教師と同じように考えられることや行動できること，そして教育現場において即戦力となるように教師の文化に順応していくことは，現在の教育課題の解決

を遅らせてしまうことや，課題を課題として認識できなくなってしまうことにもなりかねない。そしてこれは，学校の外側から，現状の教師の在り方を捉え直すことやあるべき教師の姿を考える機会を逃すことにもつながる。また，学生は活動を通して体験したことが，現実の教育現場の一般的な形であると考えてしまうこともあり得る。このことによって，その時に関わった子どもや教師によって生じた偶発的な教育課題（例えば，特別支援を必要とする子どもへの対応や教師間の同僚性の希薄さによって生じる問題など）が偶然に生じた個別的な課題であるということを正しく認識できないことにもつながってしまう。

　学校ボランティア活動に参加する学生は，活動の中で経験できることの限界を理解しながら活動に取り組まなければ，現在の学校教育の状況や教師の職務内容について誤った理解をしたまま教師になってしまうことが考えられる。そのため活動に参加するにあたって，学生は教育現場における経験と大学内で行う学習を関連させて，現状の学校や教師の在り方や教師の職務内容について学習することの意義や必要性を理解しておく必要がある。

　活動の教育効果を高めるために　　学校ボランティア活動の教育効果を高めるためには，学生は少なくとも2つのことを行う必要がある。1つはこれまでの学習経験をふまえて活動先や活動内容を決めること，2つは活動を振り返る機会を設けることである。1つめのことであるが，これは学生のこれまでの学習経験（例えば，教育実習を経験しているのか，教育に関わるボランティアに参加した経験はあるのか）によって，すでにもっている知識や技術が異なることが関係している。特に教育実習経験の有無は，学校教育に対する理解や子ども理解の程度に関わる。この理解の差をふまえ活動を決めないと，学校ボランティア活動から学び得られるものが変わってくる。活動先の中には，学生自身にその時々の状況を見ながら積極的に行動することを期待している場合もあり，活動中に学生に活動内容に関する説明や子どもたちとの関わり方に関する助言が行われない場合もある。そのため，学校ボランティア活動によって初めて教育現場に入った時に，学生は何をしたら良いか

分からず，ただその場に立ち尽くして終わってしまうということも少なくない。活動先の教師に話を聞こうとしても，忙しそうで話しかけられないということもある。期待していた活動に取り組むためには，活動先とのマッチングが不可欠である。2つめの活動を振り返る機会を設けることは，活動による学びの効果を高めることにつながる。活動をしている時は，その場の対応で精一杯であり，印象に残るような出来事が無い限り，うまくいったことや失敗したことを意識することは難しい。活動を通して教育に関する多くの知識や技能を得ること，また教師の仕事や子どもの実態に関する理解を深めるためには，活動を通して経験したことを振り返り，学び得たことや活動における課題を明確に示すことが有効である。振り返るにあたって，記録を残すだけでも効果はあるが，学び得たことを他人と共有し，活動による成果と課題を明確にすることによって，習得した知識や技能が明示化できるだけではなく，今後の活動との継続性が生まれる。継続性が生まれることによって，学校現場における経験とその後の振り返り活動を組み合わせた学習サイクルとなる。このサイクルは，教育実践において子どもや教師との関わり方を試行錯誤する経験となり，その後の学びを促進する。

　学校ボランティア活動を一過性の経験で終わらせないためにも，活動先とのマッチングを重視すると共に教育現場における活動とその後の振り返りによる学習サイクルの構築が求められよう。

【基本参考図書等】
・秋田喜代美，佐藤学『新しい時代の教職入門』（有斐閣アルマ，2006年）
・藤枝静正『教育実習の基礎理論研究』（風間書房，2001年）
・次世代教員養成研究会『次世代教員養成のための教育実習―教師の初心をみがく理論と方法―』（学文社，2014年）
・名須川知子・渡邊隆信『教員養成と研修の高度化　教師教育モデルカリキュラムの開発にむけて』（ジアース教育新社，2014年）
・山﨑準二『教師の発達と力量形成―続・教師のライフコース研究―』（創風社，2012年）
・原清治「現場体験活動は教員志望者の実践力を涵養するのか―学校インターンシッ

プのもつ『効果』について考える―」『佛教大学総合研究所紀要』第16号，2009年，35〜51頁
・姫野完治「学校ボランティアの活動形態による教職志望学生の学習効果」『教育方法学研究』第32巻，2006年，25〜36頁
・高野和子「大学生の学校ボランティアをめぐる状況と課題―学校ボランティアはどのような文脈のなかにあるか―」『教育』2005年8月号，2005年，86〜90頁
・時任隼平・久保田賢一「高等学校におけるティーチングアシスタント経験がもたらす教師の授業力量形成への影響とその要因」『日本教育工学会論文誌』第35巻増刊号，2011年，125〜128頁
・山本真人・菅野文彦・塩田真吾・長谷川哲也「『学校支援ボランティア』の動向に関する実証的分析」『静岡大学教育学部附属教育実践総合センター紀要』 No21，2013年，131〜142頁

3　教師の発達・力量形成と評価のあり方

発達観・力量観のとらえ方の転換　教師が発達するとはどういうことなのか。教師としての専門的力量はどういう特質を持つものなのか。そして教師を評価するとはどのような営みであるべきなのか。これらの点について，図表5-1のような図式化したものを説明する形をとりながら論述していきたい。

　「教師が発達するとはどういうことなのか」を象徴する従来の発達観＝「垂直的（vertical）」発達モデルでは，ある一定の理想像が想定されていて，それに向けて何がしかのものを獲得していく，いわば右肩上りの向上線が無意識的にしろ描かれているのである（もちろんその理想像や獲得する何がしかのもの自体も必ずしも明確ではないが）。それに対して，ライフコース研究からもたらされた発達観＝「水平的，ないしはオルターナティブな（horizontal, or alternative）」発達モデルでは，新たな状況に対応して，何がしかのものを喪失したりもしながら，それまでの旧い衣（子ども観や授業観等であったりする）を脱ぎ捨てていくよう非連続の変容（時にはあるものが低下）していくように描かれるのである。この"alternative"という用語

第5章　教師の発達と力量形成　111

図表5-1　教師の発達観・専門的力量観・評価観の転換

	【これまで】	【これから】
○発達モデル：	垂直的モデル	水平的，オルターナティブ的モデル
○主要概念：	普遍性 段階性 一般性	歴史性 変容性 多様性
○力量観：	要素性 脱文脈・脱状況的 付与型	全体性 文脈・状況依存的 自己生成型
○研修体制：	組織・政策ニーズ 派遣型 理論付与（講義）型	個人・実践ニーズ 自発型 事例分析（演習と集団討議）型
○評価の対象：	教師個人の実践力	教職員集団の実践力
目的：	成果を求め測る評価	発達を支え促す評価
方法：	一方向的査定 （結果の客観性に価値）	双方向的討議と合意形成 （評価プロセス・手続きの透明性に価値）

には，新しい状況に対応できると考えられた複数の選択方向の中から主体的に選択して（言い換えるならば複数の選択可能性を捨て去りながら），現在の状態（力量段階や実践スタイルなど）から脱皮・変容・発達していく，という意味が込められている。したがって，その場合の脱皮・変容・発達は，決してそれまで築き上げてきた現在ある状態を全て否定し抹消することではなく，それがもっている内容のうち積極的に取り込まれるべきものを僅かに変えたり，修正したり，改めたり，作り変えたりしながら，いわば状況に合わなくなったそれまでの旧い衣を脱ぎ捨てながら新たな方向へと脱皮・変容・発達していくことを意味しているのである。いわば，一方で否定し廃棄する，他方で保存し高める，という二重の意味内容を含んでいる概念である。

　また，従来の「垂直的」発達モデルにおける主要な概念は，個体としての肉体的精神的な発達サイクルをモデルとしたような意味での「普遍性」であり，階段を一歩一歩登り詰めていくような意味での「段階性」であり，すべ

ての者に共通するような意味での「一般性」である。それに対して，「水平的，ないしはオルターナティブな」発達モデルにおける主要な概念は，発達がたんに生物的・心理的な面だけではなく歴史的・文化的な面にも規定される過程である意味での「歴史性」であり，たんに定まった段階を追って上昇していくだけではない質的な変化を伴った複雑な移行である意味での「変容性」であり，それゆえに一人一人が背景として持っている様々な要因が複雑に織り成しあいながら展開されるという意味での「多様性」である。

　次に，教師が専門的力量を獲得するとはどういうことなのか。それは，従来の力量観＝脱文脈的・脱状況的な力量観では，力量を幾つかのカテゴリーに分類され明示化された教授行動上の諸規則としてとらえうるとし，力量を獲得するとはその諸規則を数多く獲得するとともにそれらに従って行動できるようになることであるとする。そしてその諸規則は，基本的にどのような状況においても通用するような脱文脈的・脱状況的なものであるからして，例えば講演や講義等によって外側から与えられ，経験の中でそれらの応用力を繰り返し訓練する方向での研修が描かれるのである。それに対して，ライフコース研究からもたらされる力量観＝文脈・状況依存的な力量観では，力量を教授行動上の諸規則のように要素化され明示化されうるようなものではなく直面する状況を全体として直観的に把握し理解する力としてとらえ，力量を獲得するとはそのように把握し理解することに深まりが生まれてくるようになることであるとする。そしてそのような把握・理解の深まりは，あくまで特定の状況の意味解釈であるからして文脈・状況に依存したものであり，また外側から付与されるようなものではなく実践者が自ら意味付けを行い意味内容を創り上げていくものであるからして，具体的な実践に即しながら実践に携わりながら学んでいく方向での自己研鑽が描かれるのである。

　したがってまた，従来の力量観＝脱文脈的・脱状況的な力量観に立脚した研修は，教職経験年数や職務などにもとづいて一定のプログラムをもった講習会への参加や大学院等への派遣を促す方向で具体化が図られがちである。そしてそれは，多くの場合，人事管理的発想にもとづいた組織・政策ニーズ

から要請されがちになるのである。それに対して，ライフコース研究からもたらされる力量観＝文脈・状況依存的な力量観に立脚した研修は，あくまでも個々人の教師が直面している困難やそこから生まれてくる問題意識などに即して，個々の教師自身が必要な学ぶ機会を選択し活用できるように支える方向で具体化が図られる。そしてそれは，個人能力開発的発想にもとづいた個人・実践ニーズから要請されるものなのである。

エスノメソドロジー研究において，「生徒の能力の新しい定義」に言及した次のような論述がある。

「生徒は，教師の立てた目標とは独立した目標を達成するためや自分のことをするため，生徒自身の戦略を意識的に展開する。それゆえ生徒は，自分の『相互行為能力（コンピタンス）』をそこで提示するのである。一定数のルール，たとえば，『教室で走ってはいけない』『静かにする』『他人に敬意を払う』などが教師によって設定される。しかし，このどのルールも，いつどのように適用したらいいか示していない。生徒は，状況に応じて他の生徒や教師との相互行為の中で，このようなルールの重要性や機能を見つけだす。それゆえ，優秀な生徒とは，その課題を達成するために必要である教育内容と相互行為形成の調整を行うことができる生徒である。」（アラン・クロン著，山田冨秋他訳『入門エスノメソドロジー，私たちはみな実践的社会学者である』せりか書房，1996）

これは，「生徒」を「教師」と言い換えて，教職遂行においても同様なことがいえるのではないだろうか。教師は，教職遂行上の一定数の原理・原則めいたもの，例えば「子どもの発言を否定してはいけない」，「公正な態度で接する」，「子どもの個性に対応する」などが先輩・同僚教師によって示される。しかし，このどの原理・原則も，いつどのように適用したらいいかは明示していない。一見あらゆる状況において有効であるかのように見えるが，「子どもの発言を否定」することも授業の進行過程において必要な場合もあるし，「公正な態度で接する」，「子どもの個性に対応する」こともそれ自体ではどのように振る舞うことなのか具体的に明示しているわけでもない。教

師は，実践の中で，状況に応じて他の教師や子どもとの相互行為の中で，そのような原理・原則の重要性や機能を見つけ出していくのである。

「**教師の評価**」　このようにとらえてくるならば，「教師の評価」のシステムを考えようとする時，同様な発想の転換が必要となってくる。

これまで「教師の評価」問題を論じる際，その評価の対象を暗黙のうちに「教師個人の実践力」を念頭において論じてきた傾向がある。しかし，上述してきたように，教師一人一人の発達や力量形成は教育実践が日々展開されている実践現場（学校）でこそ生み出されるものである。一人一人の教師のライフコースを考察して見れば一目瞭然のように，その教師の発達や力量形成，そこで獲得された実践力のありようは，彼（女）が所属する職場（学校）や地域の教職員集団のありようを抜きに語ることはできないのである。その意味からして，教師一人一人が発揮する質の高い実践は，その教師個人の力量程度のみを反映しているのではなく，その教師の実践が展開される職場（学校）や地域の教職員集団の有する力量程度に規定されてもいるのである。

あるいはまた，これからの学校における教育実践も，これまでのようなひとつの教室に一人の教師だけがいて，彼（女）が子どもたちの教育に関するあらゆる事柄を担い，全ての責任を背負い込んでいくというようなありようから，教室に様々な複数の人間が入り，互いに協力しあって，チームとして子どもたちの教育に携わっていくというありように変化しつつある。教師としての発達や力量形成，あるいは教育実践の質も，個人単位ではなく，教職員（あるいは保護者や地域の人々なども含めた）集団という組織単位で考えていかなければならないのである。

したがって，評価の対象も，「教師個人の実践力」から「教職員集団の実践力」あるいは「教師としての発達や力量形成を支え促す集団としての教育力」のありようへと視点を移し替えなければならないのである。そして，そのことによって，教師個人毎に対する評価作業がもたらす競争状態（「競争をもたらす評価」）から，集団（組織）に対する評価作業によって教職員を中核とした多様な人々の集団に対する評価作業がもたらす協働状態（「協働

を生み出す評価」）へと転換させていく道が開かれるのである。

　評価の目的も転換されなければならない。これまでの評価は，教育実践の具体的な成果をできるだけ目に見える形で求め，それをできるだけ正しく測定することが，本来の目的に適ったものであると考えられてきた。そのために，教育実践の成果をむりやり目に見える形のものとし，正しい測定の手法を何とか開発しようと努めてきたのである。だが，それは二重の困難を伴っている。なぜならば教育実践の成果を，目に見える形で，しかも短期的な視野で，測定可能なものとして措定しようとすること自体が困難だからである。仮にそれを「子どもの学力の向上」としてみても，「学力」とは何か，「向上した（しない）」とはどういう状態のことをいうのか，あるいは「向上させた（させなかった）」要因は何か等々，そこには確定不可能要素が入り交じってくるという困難さと教育的（あるいは最悪の場合は政治的）価値判断という困難さとが壁となり，合理的処理と合意形成などは無理であろう。この泥沼から這い出るには，2つの方法しかない。1つの方法は，有無を言わさずトップダウン式に措定する道であり（現在の人事考課制度構想はこの道を採ろうとしている），もう1つは「評価の目的」を「成果を求め測る評価」ではなく「発達を支え促す評価」へと転換していく方法である。

　教師は，時代や地域の違いと連動してたえず変化する子どもたちと教育内容を前にして，たえず自らの指導方針や指導方法を反省的にとらえ直し，その過程で自らの教師としての発達と力量形成を遂げていくのである。評価という活動を通して，あるいは評価という活動の一環として，教師一人一人が今どのような困難さに直面していて，どのような援助を必要としているのか。そのあたりを的確に自他共に正しく把握し，その困難さから抜け出ることができるような援助を提供していく機能を有した評価活動（＝「発達を支え促す評価」）が求められているのである。

　したがって，評価の方法は，評価者による評価結果がどれくらい客観的であるかというようなことに価値を置くのではなく，評価者と被評価者とが互いに現状認識を共有し，直面している課題と困難さと整理し，そこからの克

服方途を模索していくというようなことに価値を置く取り組みが求められているのだといえよう（＝「評価プロセス・手続きの透明性に価値」を置く「双方向的討議と合意形成」をめざす評価行為）。そのような取り組みの一例としては，教師が自らのライフヒストリーを語り，第三者がそのライフヒストリーを聞き取っていく営みがあるように思う。教師一人一人が，自らを語り，整理することが，次のステップの自分の選択を有益にしたり，発達の糧にすることができ，教師としての自らの発達を図っていくことができるのである。

「教師の評価」という営みは，困難さを抱える教師を摘発し，教職員集団の中から排除していく論理によってではなく，その程度の差はあれ全ての教師がなんらかの困難さを抱えているがゆえに，その困難さを克服していくために何が必要なのかという課題を自覚し，教職員集団の中で支えられながら新たな発達と力量形成を遂げていくというような意味での援助の論理によって貫かれていなければならないのである。

「教師としての発達と専門的力量」，それらを直接的な評価対象とする「教師の評価」といった問題を，上述してきたようにとらえ直す，あるいは発想の転換を図るならば，冒頭に掲げた素朴な思い，すなわち「あの教師は力量不足なのではないか」という問いは，あまり意味をなさなくなる。

それは，そのような問いの暗黙的前提として，「未熟な若い教師ならともかく，ベテラン教師なんだからどのような事態にも対応できるだけの力量を身に付けていて当然である」，「それまでの教職経験の中で獲得してきた多くの力量の中から適切なものを引き出してきて，どのような事態にも対応できるのがベテラン教師というものである」等々の発達観や力量観があり，その発達観や力量観自体の問い直しが必要だからである。

子どもを取り巻く社会的環境の変化は激しく，子どもの意識と行動の変化も激しいのが現代社会である。21世紀を迎え，これまでの学校という制度，そこで用いられてきた教育の方法や内容は，それらの変化に対応できなくなってきている。「未熟な若い教師ならともかく，ベテラン教師なんだから」

という問いは，むしろ逆で，（少々きつい言い方をするならば）教職経験年数の多い年輩教師の方が各自の指導方針などの型が固まってきている分だけ対応の柔軟さに欠けがちであるとも一面いえなくもない。

　社会的環境の変化をいちばん直接的に被る子どもたち。そのような存在としての子どもたちが示す意識と行動の新たな変化にたえず戸惑い・つまずきながらも，子どもたちの実態を見つめ，手探りで試行錯誤を繰り返しながら新たな対応策を導き出していく。そして教師は，そのような日常の集団的実践の中で，自らもまた新たな教師として発達と専門的力量の形成を遂げていくのである。

　実践上の戸惑いとつまずきは，子どもと教育実践とに誠実な教師ならば（誠実であるがゆえにことさらに），だれもが経験する。それを「力量不足」という一言で片付けるのではなく，どのように支え援助していくべきか，「教師の評価」もそのような「援助の営み」と一体として構想されるべきであろう。

4　教室における教師と子どもの関係

　教師の期待（Teacher expectation）　教師は，自分の発問や教材提示などの働きかけに対して子どもたちがどのような反応を示すのか，その予測をして授業の展開過程を構想する，と第3章において述べた。そのような予測は，ひとつの授業においてのみならず，教育活動全体の中においても，常に行われていることであり，しかもそれは，この子どもの場合はこうだろう，あの子どもの場合はああであろう，などと子ども一人一人についての極めて個別的なものである。ここでいう「教師の期待」とは，そのような教師の予測も含め，「教師たちが自分の生徒たちの現在と将来の学力や一般的な教室行動について行う推論」（J. F. ブロフィ／T. L. グット，1985）と定義されるものである。

　教師は，自分が担当する子どもたちに関する情報を，子どもたちと出会う

前からすでにいろいろな形で得ることになる。その子どもの過去の試験成績や行動記録，家族についての様々なデータ，前年度の担当教師や仲間から聞こえてくる意見や批評等々，集めようとするならば，いくらでも可能である。そして，出会ってからも，日々の学級での生活，授業での応答などを通して，さらに情報量はふくらんでいく。こうして教師は，ある意味では自分の働きかけに対して一人一人の子どもがどのように反応するかをかなり正確に予測することができるようになる。

だが同時に，そのように情報がある種の偏見や先入観となって教師の心の中に落ち，一人一人の子どもに対するプラスの期待やマイナスの期待を形成することになる。そしてそのような期待を持ちかけられた子どもは，ある種の違いを含んだ教師の意識的ないしは無意識的な働きかけによって，結果として教師の期待と一致する方向へ行動などを変化させ，その結果当初もっていた教師の期待通りになる。つまり教師の期待が現実のものとして生み出されるのである。このような現象を「**自己成就的予言（self-fulfilling prophecy）**」と呼ぶ。

ピグマリオン効果（pygmalion effect）　この点では，ローゼンソールとヤコブソン（Rosenthal, R. & Jacobson, L.）が行った教室のピグマリオン実験はあまりに有名である。彼らは，実験を実施する前年度末に，小学生を対象に知能テストを行い，そのテスト結果とは無関係に全体の20%の子どもたちを抽出し，その子どもたちが年度末にはそれまで以上の成績をあげる可能性を秘めた者たちであると教師に告げた。それ以後，何の実験的な働きかけもせず，教師たちにも接触しなかったにもかかわらず，ランダムに抽出されたはずの子どもたちは期待にそった知能の伸びを示し，知的好奇心や教師からの好意度に関しても高い評価を受けることとなったのである。特に低学年においてその傾向は顕著であった。このような結果をもたらした原因は，抽出された子どもたちに対して特別な指導があったためではなく，意識的無意識的にせよ教師がそれらの子どもたちに特別な肯定的な期待を抱き，見方や接し方などが他の子どもたちと異なってしまったためである，と考えられ

る。

　この結果を『教室のピグマリオン』(1968) として公表して以来，同種の実験が数々行われ，それを支持する結果や，あるいは否定する結果も数多く積み重ねられてきた。キプロスの王ピグマリオンが自分で作った大理石の乙女像に恋することによって，ついにその像に命が与えられたというギリシア神話を参考にして創作されたといわれるイギリスの劇作家B.ショーの作品『ピグマリオン』から命名されたこの「ピグマリオン効果」は，さらにプラスの期待効果の場合を「**ギャラティア効果**」，マイナスの期待効果の場合を「**ゴレム効果**」と，それぞれ命名され，実験が数多く進められてきている。

　それらの実験結果からは，教師の期待に影響をおよぼす子どもの側の属性として，社会階層，人種，性，学力，パーソナリティーから，身体的魅力，話し方の特徴，字のきれいさ，授業時における座席の位置などといったものにまで及んでいるといわれる。教師の抱く好みや偏見といったようなことまで含まれているようであるが，確かに私たちは自らの教育経験を振り返ってみた時，例えば質問に対して答える場面ひとつとってみても成績の良い子とそうでない子とでは回答を待つ姿勢や時間に明らかな対応の差を感じることが少なくない。そして多くの場合，そのようなある種の差別的な対応の違いをとっている教師自身も，それを無意識的のままに行っているのである（教師の期待効果が生起してくるプロセスに関しては図表5-2のような整理を参照）。

　このような実験は，日本においても行われているが，その場合，欧米におけるほどの仮説通りの鮮明な結果が得られないといわれる。それは，日本の教師の場合，教職というものについての規範意識が強く，そのことが具体的な行動の面で差別的な取り扱いを抑制しているからだといわれている。しかし，そうであっても，無意識的・無意図的に行われる面にまで抑制作用は働かず，非言語的な行動面においては対応の差がみられるともいわれている。この種の実験には，ローゼンソールとヤコブソンが行ったような「**期待誘導型**」のやり方では倫理的な面で問題が残り，それゆえ教室に入り込んで教師と子どもとの日常生活を自然な姿で観察するという「**自然観察型**」のやり方

がとられるべきであるように思う。観察途上において，収集された結果を教師にフィードバックすることによってその後の教師の対応の変化を把握するような実験方法も有益であろう。

図表5-2　教師の期待効果生起のプロセス

```
┌ ─ ─ ┐ 学習場面を中心とした教師・生徒相互作用
└ ─ ─ ┘
──→ 影響の方向
```

```
            期待情報の収集・選択 ←── 1 (?)
                  ↓ 2
              期待の形成
       10         ↓ 3
         ┌ ─ ─ ─ ─ ─ ─ ─ ─ ─ ─ ─ ┐
         │   生徒への働きかけ         │
         │       ↑↓     ↓ 6        │   11
         │       │     生徒による期待の認知 │
         │    4  │ 5                  │
         │       ↓     ／ 7          │
         │     生徒の反応              │
         └ ─ ─ ─ ─ ─ ─ ─ ─ ─ ─ ─ ┘
                  ↓ 8        ↑ 9
              生徒の学業達成 ←─────
```

1. ある生徒についての何らかの情報が教師の期待に関係する情報として教師の手元に集められる。
2. それらの情報にもとづいて教師はある生徒に対するある種の期待を形成する。
3. その期待にもとづいて，生徒に対して期待に応じた働きかけをする。
4. 生徒は教師の働きかけに反応する。
5. 教師は生徒の反応に対してさらに何らかの行動をとる。教師の働きかけ→生徒の反応→教師の反応，の連鎖，つまり相互作用は循環的に続く。
6. 生徒は，教師の働きかけから，教師の期待を直接，間接に認知する。

7. 生徒は，自分の認知した教師の期待に応じて，反応する。
8. （3～7に含まれる）相互作用の結果，生徒の学業達成度が影響を受ける。
9. 生徒が教師の期待を認知することにより，教師・生徒相互作用以外の場でも，生徒の学業達成に影響を与える。
10. 教師・生徒相互作用の過程が，教師の生徒に対する当初の期待を強化し，あるいは修正するような期待となる（その繰り返し）。
11. （期待効果が実現すれば）生徒の学業達成状況が，教師の生徒に対する期待を強化する（期待どおりの結果を生徒が示さなかったならば期待を修正する）。

※以上は，井上健治ほか「教師の期待効果に関する研究」（『東京大学教育学部紀要』第17巻所収，1978）より抜粋

レイベリング（labelling）理論　教師の期待効果研究と同様な発想をみてとることができる研究として社会的逸脱行動研究における「レイベリング理論」がある。これは従来の研究アプローチと異なり，基本的な考え方として現代の管理社会が逸脱者を作り上げているのだという立場をとっている。つまり，たんに規則を破ったという段階（**一次的逸脱者**）から，社会的処罰を受けることによってその罪が帳消しにされるのではなく，逆に社会的に逸脱者のレッテルが貼られ，さらなる常習的逸脱行動の段階（**二次的逸脱者**）へと移行させられ，周囲が自分に寄せるそのような者としての役割へ自己調整するに至る，そのように考える立場をとるのである。

　この理論は，私たちが日頃，問題行動児や学力不振児に対して無意識のうちにとってしまっている見方や態度を痛烈に問うたものであるといえよう。生活上の気紛れな過ちや学習上のちょっとしたつまずきなどに対して，大らかに受け止めたり，ゆとりをもって対応したりすることのないままに，過剰な反応や無為無策の放置によって問題行動児や学力不振児はまさに「作り上げられて」いくのである。

子どもの教師認知　子どもたちに「どのような先生を望みますか？」とたずねた各種の調査結果をみても，おおむね小学生では「差別しない公平な先生」，「ユーモアがあって親しみやすい先生」，「一緒に遊び，話をしてくれる先生」，中学生では「差別しない公平な先生」，「生徒の気持ちを良く理

解してくれる先生」,「生徒を信頼してくれる先生」といった回答が多い。このような結果を裏返して考えてみるならば,子どもたちは日常の学校生活において,担任教師との関係も学業の自信度といったものが少なからず反映している。学業自信度別に担任教師との交流度意識や被理解度意識を子どもたちにたずねた調査結果から,学業の自信度が低い子どもほど担任教師と交流する機会が少なく,また自分は理解されているという意識が少ないと思っている様子もうかがわれる。

　教室での実態がそのようであるとは即断できないが,少なくとも子どもたちの意識の面ではそういう認識の下で学校生活を過ごしているのだということは,厳しく受けとめなければならないと思う。イリッチ (Illich, I. 1926-) は,学習活動が一元的に委ねられた現代の学校においては,それを「専門家」として直接的に担う教師は,3つの役割を果たしているのだと述べている。すなわち,一種の儀礼と化した学習活動の師匠として活動し,自分の児童・生徒を長時間にわたる迷路のような分かりにくい儀礼の中をずっと導いていく「保護者」としての教師,両親・神・国家の代わりをつとめ,何が正しく,何が正しくないのかを児童・生徒に教え込む「道徳家」としての教師,そして自分の児童・生徒が一人の人間として成長するのを助けるために,彼らの個人的な生活にまで立ち入って詮索する権威を与えられていると感じている「治療者」としての教師,その3つの役割である。そういうような存在として子どもたちの前に自分は立ち現れているのだということを,教師は,自覚し,自戒せねばならないように思う。

　以上のような,私たちの無意識の行動面のありようにまで及ぶ研究結果は,ある面で私たちを何かの絶望的な気持にさえしてしまいかねないほどの厳しいものがある。私たちは,身動きさえできないようになってしまうのだろうか。だがしかし,今,私たちは,そうした研究の考え方と成果とを知ったということ,それは今後,子どもたちに対する自らの接し方を常に振り返りながら,自己点検していく知識と能力を獲得したということでもある。その意味で,授業実践の展開過程における指導のありよう,子どもへの対応のあり

ように生かし，子どもとのより良好な関係をつくっていけるよう努力しなければならないように思う。

【参考基本図書】
・油布佐和子編著『転換期の教師』(放送大学教育振興会，2007)
・山﨑準二編著『教師という仕事・生き方〔第2版〕』(日本標準，2009)
・グループ・ディダクティカ編『学びのための教師論』(勁草書房，2007)
・勝野正章『教員評価の理念と政策』(エイデル研究所，2003)
・日本教師教育学会編『講座教師教育学（全3巻）』(学文社，2002)
・ドナルド・A・ショーン著，柳沢昌一・三輪健二監訳『省察的実践とは何か：プロフェッショナルの行為と思考』(鳳書房，2007)
・山﨑準二『教師のライフコース研究』(創風社，2002)
・山﨑準二『教師の発達と力量形成―続・教師のライフコース研究―』(創風社，2012)
・J. E. ブロフィ／T. L. グット著，浜名外喜男他訳『教師と生徒の人間関係』(北大路書房，1985)
・浜名外喜男他『教師が変われば子どもも変わる』(北大路書房，1988)

【コラム5：教育職員免許法】

1. 法制定の経緯と意義

　戦後日本の教員資格制度の基本となる法律であり，1949（昭和24）年5月に公布・9月に施行され，その後いく度かの改正を経ながら今日に至っている。この法律制定によって，教員としての資格を公証する基準と教員としての資質の保持と向上を図ること（第1条）が法律によって定められることになった（教育基本法に基づく法律主義）。

　戦前における教員免許制度は全て行政府の命令（教育法規の勅令主義）に基づいており，初等教育教員の養成は基本的に師範学校という特定の学校出身者に限られる（教員養成の閉鎖制）一方で，中等教育教員には大量の無資格教員が容認され併存するという実態にあった。この点の反省の上に立って教育刷新委員会は教員の免許と資格について審議を進め，戦後直後の緊急なる教員確保に対処する暫定的措置期間を経て，文部省は同免許法を第5国会に提出，可決をみたのである。

2. 基本理念

　同免許法が公布された当時，文部省の教職員養成課長をしていた玖村敏雄の解説によるならば，同免許法の基本理念は，①民主的立法，②専門職制の確立，③学校教育の尊重，④免許の開放制と合理性，そして⑤現職教育の尊重，の5点であるといわれる（玖村敏雄『教育職員免許法同法施行規則解説』，学芸図書，1949）。

　「①民主的立法」とは，「教育職員の資格や免許に関する基本的な事項はこれを国会にはかり法律で定める」ことを意味し，「②専門職制の確立」は，「教育という仕事のために教育に関係する学問が十分に発達し，この学問的基礎にたって人間の育成という重要な仕事にたずさわる専門職がなければならない」とし，「しかも専門職制をうち立てようとするから教員と養護教員，校長，教育長及び指導主事というように職の異なるに従って別々の免許状が設けられざるを得ない」ことを意味していた。「③学校教育の尊重」とは，従来の試験検定制度を廃止し，「新しい大学の在り方から人間としての高い教養を身につけ深

い専門研究によって特色ある個性の完成を期待し，そのような人が自らの学生生活の体験を通して児童青年の教育にあたることに大きな教育的意味を見出す」ことを意味していた。また「④免許の開放制と合理性」とは，「法律で定める一定の基準にさえ合致するならば，これからの免許制度は極めて開放的である」ことと，「一定の客観的基準に照らしてすべてを処置し，その〔国立・私立等の学校の——引用者〕間に何等の恣意をさしはさむことを許されない」ことを意味していた。そして最後の「⑤現職教育の尊重」とは，「現職に有りながら余暇を見つけて自らの研修につとめる人たちにもその研修を免許状授与資格の中に計算することにも十分配慮」することと同時に，その研修は「教育職員をひくくせまい実用主義者にし，その学問の態度に純ならざるものを蔵する」ことのないよう大学の研究・教育と結びついて行われることを意味していた。

3. 制定後の改正経過と問題点

1949年の法制定以後，社会や教育界の状況に応じて，同法は10数回もの度重なる免許基準上の改正が実施されてきたが，次の5回が大きな変化である。

すなわち，1953（昭和28）年の改正による「課程認定制度の創設」，翌54年の改正による「校長，教育長及び指導主事の免許状の廃止」，1973年の改正による「教員資格認定試験制度の拡充」，1988年の改正による「学歴と結びつけた普通免許状における専修・一種・二種の種類分け，特別免許状及び特別非常勤講師制度の創設による社会人活用」，そして1998年の改正による「教科専門科目の低減・履修枠撤廃と教職関係科目の履修拡大」である。

また1997年には，議員立法によって成立したいわゆる「介護等体験特例法」によって，小・中学校教員免許状取得希望者に対する社会福祉施設等における7日間の介護等体験が義務づけられた。

21世紀に入って，教師としての資質力量の質保証を目的として掲げ，教免法に関わる大きな変化が起こっている。その1つは，養成教育段階において教職必修科目「教職実践演習」を導入することによって，いわゆる「出口」管理を図ろうとすること，もう1つは，現職教育段階において「教員免許更新制」に基づき教職キャリア10年間隔で30時間の「免許状更新講習」を導入することによって，質の「刷新（リニューアル）」を図ろうとすることである。

第6章　教育理論の思想と歴史

　教育の課程・方法・評価は、それを使う実践主体者（教師）とは独立した教育実践上の具体的な技術や手法という一面を有しているが、それは誰もが同じように使うことができ、同じような効果を得ることができるような、たんなる指導技術ではなく、一つひとつの課程・方法・評価にはそれを産み出してきた者の教育理念や教育思想が反映・具現しているものであるという一面を有している。

　私たちは、授業の理論と実践の歴史を振り返る時、それぞれの時代に関発され、試みられ、そして生み出されてきた一つひとつの教材・教具、一つひとつの方法・技術や形態の中からさえも、それらを産み出してきた先人たちの、その時代の教育状況との格闘の姿や、その時代の子どもたちに寄せる思いや願いといったものまで感じとることができる。

　それゆえ、私たちは、教育の課程・方法・評価を学ぶ際に、それらが産み出されてきた理念・思想とその背景としての時々の教育状況とに立ち返りながら学ばなければならない。また、教育の課程・方法・評価を歴史的に研究するということは、一つひとつの課程・方法・評価の具体的なありようの把握から、さらに遡行してそれらの中に凝縮されている教育の理念・思想までも明らかにしていくことなのである。

　本章では、教育史上における教育の課程・方法・評価についての思想や具体的実践の系譜を、教育方法思想の誕生と発展（第1節）から、近代教授理論の確立展開（第2節）へ、さらに近代日本の学校と教育実践改革（第3節）へとたどる作業をしている。そして最後に、学習指導と並んで重要な生活指導の教育方法（第4節）についても言及している。

1 教育方法思想の誕生と発展

ソクラテス法（産婆術）　「無知の知」という有名な言葉と結びついて思い起こされる古代ギリシアの賢人ソクラテス（Sokrates, 前469-399）は，何ひとつ書き残さなかった。そのことがまた彼を後世の人々に一層印象づけることとなったが，彼の思想は，弟子のプラトン（Platon, 前427-347）やクセノフォン（Xenophon, 前430頃-354頃）などの著作からうかがい知ることができる。

ソクラテスは，真理の探求のための方法として「**対話法（ディアレクテイケー）**」を採用した。彼の言う「対話」とは，たんに日常交わされる会話や談話のことではない。そもそも「対話（ディアロゴス）」とは，その動詞形である「ディアレゲスタイ」からきており，語られる汝の言葉（ロゴス）を介して（ディア）議論を進める（レゲスタイ）意味であると言われる。

ソクラテスが生きた時代には，「ソフィスト」と呼ばれた，弁論術などの指導を職とする一群の人びとがいた。彼らの場合，「対話」という形態は，その実質において対話者の一方が他方を説き伏せるための「説得のための術」であった。また中世の「問答示教法」も，教師の「問」と生徒の「答」の交換という形態をとってはいるものの，その実質においては既にある宗教的教義の一方的な「教えこみの術」であった。それらはともに，ソクラテスの「対話法」の真髄である，両者のロゴスの交換を通して真理を産み出し，真理にまで到達していこうとする共同作業の意味からは程遠いものであった。

エウポリアからアポリア，そして真理の創出へ　では，どのようにして真理を産み出し，真理にまで到達しうるのであろうか。ソクラテスは，ソフィストたちに象徴される「知識」を「所有」し，「教え」ようとする人びとの「知識」，あるいはその「教え」の行為に対して厳しく警告を発し，批判する。そのような既成の誤った知識に満足している状態（＝エウポリア）にあって，自分の無知をまったく自覚しない「知の無知者」を相手に，ソクラ

テス（「無知の知者」）は，まず「問う」ことから始めて，彼の「答え」を引き出しながら，さらに次々と「問い」を投げかけ，彼が「答え」に行き詰り，自らの無知を自覚する状態（＝アポリア）にまで導いていく。

こうしてアポリアにまで導かれた段階において，彼は真理に対する激しい欲求の念にかられ，次の段階では再びソクラテスの「問い」に導かれながら，今度は次第に「自分で自分から知識を取り出しながら」真理を探求し，真理へと近づいていく。ソクラテスが真理を所有していて，真理を教えるのではなくて，まさにソクラテスの助けをかりながら，彼自身が自らの力で真理を探求し，真理を産み出し，真理へと到達するのである。

では，何故どのようなメカニズムで人は真理を産み出しうるのであろうか。この疑問に解答を与えているのが**プラトンの「想起（アナムネーシス）」**という概念であろう。ソクラテスの「問い」に導かれながら，人は，あたかも前から知っていたものを想い出すかのように，真理を自ら産み出していくのである。（具体的な例としては，プラトン『メノン篇』での幾何学に関するソクラテスと奴隷少年との対話を参照するのがよい。）

このような，いわば「論破」から「助産」へという，ソクラテスの教育的働きかけを「産婆術ないしは助産術（マイエウテイケー）」と呼んでいるのである。それは，自ら学び，真理を自らの力で産み出していく「学び」の原点を示していると同時に，そのような状態を学習者の内に産み出すための，教師としての「教え」の理想を描いていると言えよう。

コメニウスの教授法　コメニウス（Comenius, J.A., 1592-1670）は，モラビア（現在のチェコ共和国）に生まれ，幼くして両親を亡くした後，ボヘミア同胞教団（福音派プロテスタント）の手で育てられた。大学卒業後，故郷に帰り，学校の教師と牧師の職を勤めながら，農民救済事業に当たっていた彼に，三十年戦争の大波が押し寄せてくる。カトリックによる福音派プロテスタントの弾圧を逃れ，彼は，国内外の逃避行を余儀なくされた。

三十年戦争による祖国の荒廃状況と人類の絶望的な状況を目のあたりにした彼は，絶望の淵から人類を救う一条の光を子どもに見出そうとした。コメ

ニウスは，次のように述べている。

「神の聖書が教えておりますのはなによりもまず，天の下，人類の破滅を救うには，青少年を正しく教育するより有効な道はほかにはない，ということであります。(中略) 神の恩寵は，あなた方のものです。未来の時代を相続する権利は，あなた方のものです。」

なぜならば，子どもの中にのみ，まだ「人間の原型」が残っていると，コメニウスはみたからである。「人間の原型」，それは，神から認識能力をはじめ，数々の特性を与えられ，神を求め神に達する心を与えられた存在を意味している。こうして，コメニウスにとって，子どもの教育とは，祖国と人類の復興・平和・未来をかけた壮大な事業だったのである。

『大教授学（ディダクティカ・マグナ）』の構想　　国内逃避行の最中に書いた『地上の迷宮と魂の楽園』(1623) の中で，コメニウスは，学校への入学試験では受験生に鋼・水銀・鉛・鉄・金の5つの金属を持っているかどうかがためされるのだとし，その理由を次のように案内人に言わしめ，当時の教育状況を辛辣に批判している。

「そりゃ，大切なこったよ。鋼の頭でなくちゃ，頭はパンクしてしまう。その中に水銀の能がなくては鏡がつくれまい。鉄の皮膚でなくちゃ，鞭にたえられまい。鉛の背がなかったら，すわりっ放しの学生生活にたえられまい。金の財布がなかったら，どうやって時間や教師を手に入れられようか。」

それに対して，コメニウスの教授理論の書『大教授学』の冒頭には，「あらゆる人に，あらゆる事柄を教授する，普遍的な技法を提示する」とある。「あらゆる人に」とは，身分・財力・性など一切の差別なく公営で全ての者が就学する4段階の単線型学校制度が構想されていることを意味している。「あらゆる事柄を」とは，それを全ての者が等しく共有することによって互いの偏見を捨て去り，相互に理解し合えるようになることが目指される，人類の知的遺産の体系である「**汎知体系（パンソピア）**」のことを意味している。そして「普遍的な技法」とは，制度上での普遍的な学校を組織する方法

と学習内容上での普遍的な教育を行う方法とを意味している。「僅かの労力で，愉快に，着実に教わることのできる学校を創設する，的確な熟考された方法」を示そうとしたのが，この『大教授学』であった。

その教授法は，事物主義と感覚主義にもとづいている。「感覚内容は認識の始源である」という理論にもとづき，その出発点を感官の訓練におくとともに，そこから個別知識の獲得→帰納法による普遍的知識の獲得→判断形成へというプロセスを踏む認識の発展系列の原理に立脚しているのである。これを**「感性的直観主義」**と呼ぶのであるが，この原理にもとづいてコメニウスは絵入りの言語教科書**『世界図絵（オルビス・ピクトゥス）』**の編纂を行った。彼の場合，教授法を，授業実践に先立つものから（「ア・プリオリに，いいかえれば事実の，いちばん奥底にある，ゆるぎない自然にもとづいて」）指し示そうとしている。そこからは万物を貫く「自然」の法則に対するゆるぎない信頼が感じられる。

ルソーの合自然性の教育　18世紀フランスの哲学者ルソー（Rousseau, J. J., 1712-1778）は，生後すぐに母親を亡くし，10歳の時に父親の出奔によって生き別れて以降，孤児同然で数々の遍歴を重ねた。そのルソーが，アカデミーの懸賞論文で文名を挙げた後，一人の貴族婦人の求めをきっかけとして架空の少年エミールを主人公にした**教育小説『エミール，教育について』**を書き上げたのは1760年のことである。

「宗教を理性の検証に委ね，王に対する人民の敬愛を弱めさせる傾向をもつ」としてパリの高等法院で有罪判決を受けたとされる『エミール』の中で，ルソーは，社会の一歯車でしかないような人間とは異なり「絶対的な整数」であるような「自然人」であり，かつ「市民」でもあるような人間の育成が教育の目的だと述べた。フランス封建制が次第に崩れゆく時代の，すぐれて近代的な教育観であったといえるが，この一見相反するような2つの事柄の同時達成を目的としてルソーが打ち出した教育の方法原理こそ，**「自然に従え＝合自然」**という思想であった。

彼は，教育は「自然」と「人間」と「事物」の3つによって与えられると

考えた。「能力と器官の内部的発展が自然の教育」、「この発展をいかに利用すべきかを教えるのは人間の教育」、そして「わたしたちを刺激する事物についてわたしたち自身の経験が獲得するのは事物の教育」であると。このうち、わたしたち人間の手ではどうすることもできないのが「自然の教育」である。だとするならば、後二者を前者に従わせることが「完全なる教育」であると、彼は考えたのである。

「子どもの発見の書」としての『エミール』　そこには、教養という名の知識を教えこむことによって猿にも似た存在を人間にまで仕立て上げようとする一般的な考え方、すなわち教育の客体として「子ども」という存在をとらえるのではなく、教育の主体として"子ども"をとらえようとする新たな思想の展開が、読み取れる。

　世の中には様々な誤謬や不徳、既成の退廃的な大人文化などが満ちあふれている。子どもは、日々、それらに取り囲まれ、影響を受け続けている。ルソーは『エミール』の冒頭で次のように述べている。

　「万物をつくるものの手をはなれるときはすべてはよいものであるが、人間の手にうつるとすべてがわるくなる」と。あるいはまた、「初期の教育はだから純粋に消極的でなければならない。それは美徳や真理を教えることではなく、心を不徳から、精神を誤謬からまもってやることにある」のだと。それがルソーの「消極教育」論といわれる考え方である。

　それゆえ、エミール少年は、15歳になるまで本格的な知的学習や道徳学習には取り組まず、もっぱら物事を正しく認識する際の受け入れ口となるべき身体や感官の訓練に従事する。こうして**「消極教育」**とは、教師や大人が子どもに何も手を下さず放任しておくというのではなく、実は慎重なる配慮の下に子どもをめぐる環境を整えていくことを意味するのである。

　「自然は子どもが大人になるまえに子どもであることを望んでいる。」子どもは、教養をいまだ獲得していない小さい大人、人間になる以前の猿にも似た存在などではなく、大人とは異なった「特有のものの見方、考え方、感じ方がある」存在として、固有の価値を持つ"子どもの時期"が確認されたの

である。ここにルソーの『エミール』が,「子どもの発見の書」と言われるゆえんがある。事実,『エミール』以後,児童研究や新しい児童文学が登場してくることになったのである。

2 近代教授理論の確立と展開

ペスタロッチの開発教授法　スイス・チューリッヒの医者の家に生まれたペスタロッチ（Pestalozzi, J. H., 1746-1827）は，その生涯を貧しい民衆とその子どもたちの教育に捧げた教育実践家であった。チューリッヒ大学卒業後，1771年に自らノイホーフ（新農園）と名づけた新居で農場経営と貧民の子弟や孤児たちの教育に着手して以来，彼は様々な障害によって閉鎖を余儀なくされながらも，シュタンツ，ブルグドルフ，イヴェルドンとスイス各地で学校を開き，実践を積み重ね，その中から教育の理論をつくりあげていった。

ペスタロッチの生きた時代は，マニュファクチャア工業が農村に徐々に浸透し始め，従来の農業生産主体の生活が失われつつあった。それに加えて，フランス革命に端を発するスイスの混乱した社会状況の中で，多くの子どもたちは家庭生活を奪われ，貧困や浮浪の生活を強いられていた。

封建的で抑圧的な社会体制の下で，その最底辺に位置する貧しい民衆が，その泥沼のような状況から自分自身の力によって自己を解放していくためには，なによりもまず基礎的な学力を獲得することが必要であり，そのための方法も書物やその中の言葉からではなく，民衆自身の五官を通して得られた認識対象についての知覚から出発し，思考作用によって概念を形成していくプロセスに即することが必要であると，ペスタロッチは考えた。主著『**ゲルトルート児童教育法**』（1801）の中で展開された,「基礎的な学力」の獲得を目標とし，方法は人間の認識の普遍的なプロセスに即することを意味する「**感性的な直観（Anschauung）から明晰な概念（Begriff）へ**」という教授原則こそが彼の教授理論を特徴づける「**基礎陶冶論的直観主義**」である。

「頭と心と手」の調和的発達と「数と形と語」　ペスタロッチは，教育の3つの基本領域を「頭と心と手」の教育であると考え，この3つがそれぞれ他を犠牲にすることなく完全なる均衡を保ちながら調和的に発達することによってはじめて人格の統一的形成が実現できると考えた。その3つの基本領域とは，今日的な言葉でいうならば，知力の育成（知育）と心情力の育成（徳育）と技術力の育成（技術教育および体育）ということになろう。

その知力の育成の基本的な部分，あるいは対象を認識する出発点に位置しているのが「数と形と語」である。なぜならば人間が目の前にある対象を認識する際には，①目の前にはいくつの，いく種類の事物があるのか，②その対象の外形はどのようであるのか，形や輪郭はどうなっているのか，③その対象の名称は何というのか，どんな音や語によってそれを思い浮かべることができるのか，という点から出発すると考えられたからである。これは，いわば**直観の三基本要素**ともいうべきものであって，ペスタロッチの基礎陶冶の「メトーデ（方法論）」の出発点である。

以上のようなペスタロッチの教育方法思想は，コメニウスやルソーの思想を引き継ぐものではあるが，さらにそれらの思想が提起した認識の普遍的な法則に即して，民衆の基礎陶冶の領域における「メトーデ」の確立へと進められている。しかし，彼のこの教授−学習理論には，認識の発展系列と教育内容・教材の配列との統一の試みが示されていたものの，それは未だ基礎陶冶論的段階のものに限られており，教授−学習理論の体系化の作業もまた然りであった。そしてこの2つの課題は，それぞれヘルバルト（及びヘルバルト派）とディースターヴェークとによって引き継がれていくことになるのである。

ヘルバルトの認識段階論と教授の四段階説　ドイツ北部オルデンブルクの法律家の家に生まれたヘルバルト（Herbart, J.F., 1776-1841）は，イエナ大学卒業後，スイス・シュタイゲル家の家庭教師をしている時期に，ブルグドルフのペスタロッチを訪問している（1788年秋）。ペスタロッチの教育実践に大きな刺激を受けたヘルバルトは，『直観のABCについてのペスタロッ

チの見解』(1800) を著し，教育学者としての道を歩み始めることになり，後ケーニヒスベルクやゲッチンゲンの大学で教育学を講じた。

ヘルバルトの教育論は，近代市民（立憲君主制）社会を担い，プロイセン＝ドイツにおける「道徳革命」を推進する（中産市民階級の）人間の育成をめざしている。したがって教授の究極目的として「道徳的品性の陶冶」を，そこに達するための教授の近い目標として「**多面的興味（＝知識を保持し，その拡大を求めようとする主体的な精神活動）**」をかかげている。ここから彼の，「我々は，教授無きいかなる教育の概念をも認めない。逆にまた，教育しないいかなる教授をも認めない」という「**教育的（訓育的）教授 (Erziehender Unterricht)**」の思想がうまれてくる。

彼は，主著『**一般教育学**』(1806) の中で，「学問としての教育学は，実践哲学と心理学に依存する。前者は陶冶の目的を指示し，後者は道，手段，及び障害を指示する」と述べている。数学的な基礎の上に立つ独自の表象心理学と呼ばれる理論にもとづいて，彼は「多面的興味」の成立に至るまでの**教授の一般的段階を〈明瞭－連合－系統－方法〉の四段階**に整理した。それは，認識対象に心を没入する〈専心〉の段階を経て，その結果得られた幾つかの内容を関連づけ統一しようとする〈致思〉の段階に至るという人間の認識過程に対応して整理されたものであった。ここにペスタロッチの「直観から概念へ」という認識過程を一歩進めようとした，ヘルバルトの理論的整備をみることができる。

ヘルバルト学派による理論的発展と「形式的五段階教授法」 ヘルバルトの死後，彼の教育学理論を継承し，さらに実際の教育（授業）実践に適用するための理論的整備と発展を図ろうとした一群の人びと（＝「ヘルバルト学派」）が登場する。なかでも**ツィラー（Ziller, T., 1817-1882）とライン (Rein, W., 1847-1929)** は，カリキュラム構成論や授業方法論の領域で具体的実際的な考え方を提起し，広く実践に影響を与えた人物として有名である。

ライプチッヒ大学のツィラーは，多教科並立状況ともいえる様相を迎え始めていた当時の民衆学校のカリキュラムに関して，その統一性を図るために

歴史や文学や宗教などの「心情教材」を中心に据え，すべての教科をそれに関連づけながら編成する「**中心統合法（Konzentration）**」を提唱した。また8学年にわたる教材をドイツ民族の文化の発展史に即しながら配列する「**文化（開化）史段階説（Kultur-Historische Stufen）**」を提唱した。このカリキュラム論に従って実際の授業を実践するために彼は，ヘルバルトの教授の四段階説の最初の〈明瞭〉段階をさらに二つに分け，〈分析－統合－連合－系統－方法〉の五段階説を唱えた。

22歳の頃，ツィラー教授の指導する教育実習ゼミナールの実習生にもなったことのあるラインは，後年イエナ大学の教授になり，自らも教育学ゼミナールとその実習学校を指導した。彼は，そこでの経験を理論化する研究作業に従事し，〈予備－提示－比較－統括－応用〉という教授の五段階説を提唱した。この五段階説が，基本的にどの教科・教材においても適用できうるものと考えられたことから，「**形式的五段階教授法**」と呼ばれることになった。

ここに至って教授段階説は，子どもの認識発展に即した区分としてではなく，たんなる教授上の手続きを規定した形式的段階としてその性格を変えていった。またプロイセン＝ドイツや明治期の日本では，それは支配的な教授理論として学校に普及していくが，その後の「新教育」運動の中では，それは公教育教授実践の画一化・定型化をもたらしたものとして厳しく批判されることにもなった。

19世紀ヨーロッパ：近代諸科学と結びついた教授法の成立　　ディースターヴェーク（Diesterweg, F. A., 1790-1866）が活動する舞台となった19世紀前半は，体系的分科的近代諸科学が確立されてくる時期にあたる。彼の教授－学習理論の課題（特徴）は，まさにこれまで述べてきたような主体の形成を内に含んだ直観の原理および合自然の原理と，近代諸科学の論理との結合を自覚し，かつその結合を民衆学校における教育内容・教材の中で具体化し，各教科教授－学習理論の確立へと結実させようと試みた点であった。

ドイツ・ウエストファリアのジーゲンで司法官の子として生れたディース

ターヴェークは，1813年フランクフルト・アム・マインの模範学校（新しく設立される民衆学校のためのモデルスクール）の教師となり，そこでペスタロッチ主義教育論を知ることとなる。その後，ラテン語学校の教師，メールズおよびベルリンの両教員養成所長を務めた。その間，ベルリン教員組合を設立する一方で，主著『教師及び教師志望者のための陶冶指針兼教職遂行のための方法的実際的手引き』（初版1835）を著わし，この一般篇では自らの教授理論を論述し，各科篇では当時の専門科学者との共同の下に，直観訓練および話し方訓練・読み方・書き方・線描画から地理・博物・歴史・自然科および数理地理学などまでの教科教授論の体系的確立を試みている。

この著作は，その後，書名を『ドイツの教師に寄せる教授指針』と変えながら版を重ねていくが，内容的にもフランス語や外国語，盲教育や聾教育などの教育論も付け加えられていき，19世紀における就学前から中等教育段階までを見通した各教科教授論の体系的な構想を試みたものとして教育方法史上に位置づけられよう。

教科の系統的指導過程　ディースターヴェーク教授論の最大の特徴は，近代教育思想の基本理念のひとつである，主体の形成を内に含んだ「直観の原理」および「合自然の原理」と，認識方法としての組織的な観察・実験による科学的方法的な帰納法にもとづく近代諸科学の論理との結合にある。このことは具体的には，「何が，どこに（Was, Wo）→どのように（Wie）→なぜ（Warum）」というシェーマに代表される系統的指導過程に見ることができる。

すなわち，①外的世界の認識は，外的な感覚的な諸現象を通して獲得されるから，授業では生徒に諸現象それ自体をまず第1に提示し，観察させることから始める（Was, Woの段階），②諸現象が把握され，生徒がその経過を一般的に理解したならば，次に全体の代表，あるいは本質の点では多数であるような個々の諸現象の合法則的な経過に注意を向かせ，熟考させる（Wieの段階），③さらには諸現象間の法則性の根底に存在する隠れた諸原因および諸力を探り出す（Warumの段階），そして最後に原因から諸法則に，法則

から諸現象にと立ち返って，それらを再度鮮明にとらえ直すのである。

　彼は，一方で人間諸能力の内面からの開発による普遍的人間陶冶を最大の教育目標に置きつつ，他方では実科的内容教授の人間形成的陶冶価値を確信し，体系的近代諸科学にもとづいた教科による悟性陶冶を主張している。そしてこのような教育理念と教授理論の登場は，科学的認識の拡大による，自主的に思考し行動する，近代市民社会に生きる人間の育成という時代的要請を背景としていたのであった。

　19世紀における，いわばこの**「科学と教育の結合」**という教授－学習理論上の原理は，イギリスにおいてもスペンサーの『教育論：知育・徳育・体育論』(1861)，ハックスレーの『科学と教養』(1880) などによって，自然科学の陶冶価値の承認による本格的な科学教育論を生み出してゆくことになるのである。

　19世紀には幼児教育思想の発展もみられる。ドイツのチューリンゲン出身の**フレーベル（Fröbel, F. W. A., 1782-1852）**は，ペスタロッチの直観教授法およびルソーの消極教育論を継承し，1840年には「一般ドイツ幼稚園」を開設した。幼児教育の実践の中で，**恩物**と呼ばれる教育遊具（積み木や工作遊具など）を考案した。代表的著作に**『人間の教育』**(1826) がある。

　20世紀初頭の世界新教育運動：多様な教育改革実践の開花　20世紀初頭に世界的規模で展開された新教育運動は，まさに前述したようなヘルバルト派教育学の否定・克服として登場してくる。1900年スウェーデンの女流思想家**エレン・ケイ（Ellen Key, 1849-1926）**は『児童の世紀』を著わし，その中で来るべき20世紀は児童の世紀であると宣言した。以後，新教育運動の潮流は，様々な理論的系譜を引き継ぎながらも，「児童から（vom Kinde aus)」をひとつの合言葉に学校と授業の多様な改革実践を生み出していったのである。

　その多様な改革実践を通しての特徴は，子どもの自然本性とか個性といったものの再確認が行われていることであり，それらを最大限に尊重しようとする，いわゆる児童中心主義の改革プランがみられることである。例えば，

子どもを大都市の悪影響から遠ざけ、田舎に寄宿舎制の学校を設置し、そこで心身の健全な発達と教育的作用を図ろうとした**田園教育舎系教育運動**がある。この実践は、イギリスではアボツホルム校のレディ（Reddie, C., 1858-1932）や、ビデールズ校のバドレー（Badley, J. H. 1865-1967）が、フランスではロッシュ校のドモラン（Demolins, E., 1852-1907）が、そしてドイツではリーツ（Lietz, O., 1868-1919）が担った。また、イタリアでは**モンテッソーリ（MOntessori, M., 1870-1952）**が感覚訓練から出発し子どもの自由な活動を重視する実践プランをローマの保育施設「子どもの家」で、あるいはベルギーでは**ドクロリー（Decroly, O., 1871-1932）**が子どもの3段階の学習リズム（観察－連合－表現）に即する実践プランをブリュセル郊外のエルミタージュ校で、それぞれ試みていた。

こうした児童中心主義の考え方にもとづいて、授業形態も一斉教授の否定から徹底した個別学習へと転換させた改革実践が生まれてきている。例えば、アメリカ・マサチューセッツ州の小都市ドルトンで試みられた、教育内容・教材を自己の学習ペースに応じて配当した**「課業表（assignment）」**を子ども自身が作成し、それに従って**「実験室（laboratory）」**と呼ばれる教室で個別の自主学習を行うという**パーカースト（Parkhurst, H., 1887-1952）のドルトン・プラン**、あるいはアメリカ・ミシガン湖畔のウィネトカ市で試みられた、個別教授方式のために自学自習できるような教育システム、教科書、自習書等を工夫・開発した**ウォシュバーン（Washburne, C., 1889-1968）のウィネトカ・プラン**等々がある。

とりわけドルトンプランは、後述するように日本の大正自由教育運動とも関係が深く、1922（大正11）年、欧米教育視察に赴いた長田新がニューヨークに設立されていた私立「児童大学校」を訪れ、その実践を私立成城小学校の教師たちに報告したのを契機に、大きなブームを呼んだ。1924（大正13）年4月にはパーカースト自身が来日し、各地で講演・実地指導を行った。

このような子どもの個性・個人差を尊重する改革実践が興隆してくる一方で、たんなる個別学習ではなく集団のもつ教育上の積極的意義を承認した改

革実践もまた生まれてきていた。この場合の「集団」とは，学習や生活のための共同体として考えられていた。例えば，ドイツ・イエナ大学附属実験学校で試みられた，年齢別の人為的な学年学級組織に代わって精神的身体的発達に応じた4つの「基本集団（stammgruppe）」の中で道徳的人格的相互作用を及ぼし合いながら教育活動を展開しようとした**ペーターゼン（Petersen, P., 1884-1952）のイエナ・プラン**などがその典型である。このペーターゼンにおける「学校共同体（Schulgemeinde）」思想は，教師集団と父母集団が互いの教育権を尊重しながら学校を協同して自主的に管理運営していくという学校改造の実践も含み込んでいた。

カリキュラム改革としての「合科」主義の提唱　19世紀の終わり頃から20世紀初頭にかけては，カリキュラム編成の点でも新たな試みが生み出されてきた。19世紀における近代的諸科学の確立と，それの民衆学校への導入は，一面では科学的知識の大衆化をもたらしたが，他面では学校におけるカリキュラムを相互連関性の乏しい多教科並立状況に追い込んでしまっていた。そうした状況に対する批判から，必然的に，統一的な人格形成実現に向けたカリキュラム編成自体の改革が模索され始めてきたのである。

　西ヨーロッパにおけるその代表例は，教育内容・教材の統合によって主体内に形成される認識の統一性を図ろうとしたドイツのオットー（Otto, B., 1859-1933）やライプツィヒ市学校委員会のプランにみられる**「合科教授（Gesammtunterrichit）運動」**である。カリキュラム編成上における「分科」主義に対峙される意味での「合科」主義の提唱である。しかし，この「合科教授」という名称で括られた改革実践も，その実態は一様ではなかった。オットーの場合は，1日の授業時間の最後の1時間を全校生徒が一堂に会して，生徒側から提起されたテーマで自由に討論する形態をとる授業のことを意味しており，そこには教師や父母も参加し，自由なテーマのもとで全員による討論を行うわけであるから教科の枠も当然ないものであった。それに対してライプツィヒ・プランの場合は，小学校下級段階における合科的な学習のことを意味していた。低学年児童の認識が心理的に未分化であることを根拠と

して，児童の生活領域にあるものを教材とした郷土科的直観教授を中核として，その他の諸々の学習内容を有機的に結び付けたカリキュラム編成を試みたのであった。

同時期アメリカにおける「合科」主義カリキュラム改革の代表例は，ヘルバルト派教授論からも少なからぬ影響を受けている**パーカー（Parker, F. W., 1837-1902）の中心統合法**や，中等教育の分野においてひとつのまとまりをもった教育内容・教材（＝学習単元）を一定の形式的教授段階（**マスタリーの公式**）を踏んで子どもに習得させようとした**モリソン（Morrison, H.C.,1871-1945）のプラン**であろう。パーカーの中心統合法は，ヘルバルト派のそれとは異なり，統合の中心に子どもを据え，子どもの周囲に様々な諸教科が配置され，子どもの自発活動を呼び覚ましながら諸教科が学ばれていくことを構想したものであった。

アメリカ進歩主義教育運動：デューイとキルパトリック　20世紀前半にアメリカで展開された新教育運動は総称して「**進歩主義教育運動（Progressive Education Movement）**」と呼ばれている。それは旧来型の授業や学校の改革を志向する教育改革運動であり，かつ社会全体の改革までも視野に入れた大きな社会運動でもあった。そしてその教育改革運動は第二次大戦後の日本の教育にも大きな影響を与えることになっていくのであるが，とりわけデューイとキルパトリックの影響は理論面実践面で大きかった。

1894年シカゴ大学に哲学・心理学・教育学を合わせた学科の部長として招かれた**デューイ（Dewey, J., 1859-1952）**は，その翌々年附属の「実験学校（Laboratory School）」を開設している。この附属学校は，実習のための学校（Practice school）ではなく，子どもの認識過程や成長過程の諸原則に照らして，教育や授業のあり方を探求し，検証していく課題を担わされた「科学的実験室」とも呼びうるものであった。

3年間の実験的研究を経て，その報告とともに今後の抱負を述べた講演の記録集である『学校と社会（School and Society）』(1899) の中で，デューイは，「子どもが作業することのできそうな場というものはほとんどない」，

「机がきちんと並べられてある」伝統的な教室に象徴されるような旧教育の特徴は，「態度の受動性，子どもたちの機械的な集団化，教育課程と方法の画一性」にあると指摘している。それは「子どもたちをひとまとまりのもの（en masse）」とみなし，取り扱おうとする教育の思想が根底にあるのだと，彼はいう。

そのような旧教育に対置されるものとして，自らが生みだそうとする新しい教育の理想を，デューイは次のように述べている。

「要するに，旧教育とは，重力の中心が子どもの外部にあるものだ，と言うことができよう。その中心は，教師とか教科書とか，その他諸君が好むところならどこであろうともかまわないが，要するに子ども自身の教育に到来しつつある変化は，この重力の中心の移動に他ならない。……子どもが太陽となるのであり，そのまわりを教育の諸装置が回転することになるのである。」

では，太陽となるべき「子ども」は，一体どのような存在としてとらえられうるのであろうか。彼は次のように述べている。

「子どもは，大人が，何か隠れている活動の芽を徐々に抽き出そうとして，多大の注意力や技量を持って近づかねばならないような，まったく潜勢的な存在（apurely latent being）ではない。子どもは，すでに猛烈に活動的（already intensely active）なのである。」

大人があれこれと手立てを尽くして「活動の芽を徐々に抽き出そう」とする必要もないほどの，「すでに猛烈に活動的」な存在としての子ども，それがデューイの子ども観であった。その活動を支えているものが子どもの持つ「4種類の興味（fourfold interesus）」——すなわち①対話やコミュニケーションへの興味，②探求，すなわち物事を探りだしたいという興味，③物を造ること，つまり制作への興味，④芸術的表現への興味——なのである。しかも，その4種類の興味は，それぞれに対応する4種類の本能（instinct）から生じてくるとともに，探求の本能は，制作的本能および対話やコミュニケーションの本能（社会的本能）と結びついて，また芸術的本能は主として

社会的本能と結びついてそれぞれ生じてくるという関係構造の下にある。このような状態にある興味は、「自然の資源であり、未だ投資されていない資本」であるからして、「子どもの活動的な成長はそれらを使いこなすことにかかっている」のである。

そうであるならば、教育の課題とは、まさしくそのような「興味をとらえ、それを前方にあるもの、より良いものへと指導する」点にあるということになる。一般に「子ども中心主義」と呼ばれるデューイの教育論は、決して、すべての学習を子どもの興味や活動のおもむくままに委ね、教師はその後を追いかけていけばよいと考えていたのではないことがわかる。彼は述べている。

「教育の問題は、その子どもの諸活動をとらえ、それらに方向づけを与えるという問題なのである。そのような方向づけ、すなわち、その組織的な利用を通じて、子どもの諸活動は、散漫であったり、単なる衝動的な表現のままにまかされてしまうのではなくして、価値ある結果へと向かうのである。」

「仕事 (occupation)」を中心とした新しい学校生活の創出　デューイの生きた時代のアメリカ社会は、「産業の集中化と労働の分業化」とが進み、本来的に人間形成的な機能を内に含んでいた「家庭や近隣での仕事」が失われつつある時期にあった。「農場における食料の生産から、完成して製品が実際に使用されるに至るまで、だれの目にもわかるような状態であった」仕事、それへの参加を通して具体的な技能や知識を、創意工夫の才や論理的な思考力を、あるいはまた共同の作業に必要とされる責任性や連帯性などの社会的精神をそれぞれ獲得していくことのできた仕事、そのような仕事の持つ人間形成的な機能にデューイは着目した。

「いろいろな形の活動的な仕事を学校へと導入する」。そのことによって旧来の学校生活全体の転換を図ろうとしたのである。その場合、学校に導入される「仕事」とは、「いっさいの経済的圧迫から解放されて」おり、「その主眼とする目的は、生産物の経済的価値にではなしに、社会的な能力と洞察力

の開発にある」。そういう意味で，労働力を提供して賃金を得る「労働（labour）」ではなく，心を対象に没入させ，対象と取り組む「仕事（occupy）」なのである。

　デューイは，工作（manual training, shopwork），裁縫，料理などの生活的・生産的な活動を学校に取り入れようとした。子どもはそのような実際的な物づくりの様々な局面において具体的な技能や関連する様々な知識を獲得していくと同時に，共同の取り組みに参加することを通して諸々の社会的な精神を発達させていくことができるのである。ここにおいて「仕事」は，特定の技能習得，特定の職業訓練を目指すものではなく「学校のすべての精神が一新される」ほどの重要な意義を担ったものとしてすべての教育課程の中心に登場してくるのである。

　母校マーサー大学で数学と天文学とともに教職課程の講義も担当していた**キルパトリック（Kilpatorick, W. H., 1871-1965**）は，1898年にシカゴ大学夏期講座でデューイの教育学の課程を受講し，心理学者E. L. ソーンダイクの勧めもあって，その後コロンビア大学大学院で教育学研究に従事，教育史研究者P. モンローやデューイの指導を受け，1918年同大学教育学部紀要に発表した論文「**プロジェクト・メソッド（Project method）**」によって一躍有名となった。

　この「プロジェクト」とは，もともと職業教育の実習単元を指すものであったが，コロンビア大学附属実験学校の手工教育において，「自己表現」として「手仕事（hand work）」が意味づけられ，構成的作業を中心とした単元の呼称として用いられていたものであった。この「プロジェクト」概念に，民主的社会を担う性格・態度形成のための「目的ある活動（purposeful act）」を取り入れて，教育の方法概念から目的概念までも一体的に含むものとして提起したのがキルパトリックであった。

　方法概念の具体的姿は，学習の過程が「目的（purposing）－計画（planning）－遂行（executing）－判断（judging）」として定式化されていった点に，そして目的概念の具体的姿は，学習の内容が次のような4つの類

型として示されていった点に，それぞれみることができる。すなわち学習内容の4つの類型とは，①ボートづくりや手紙書きなど一定の目的やプランが形あるものとして具体化される型，②物語を聞いたり，音楽を聴いたり，絵画を見るなどの美的経験が享受される型，③知的課題が問題解決的に行われる型，そして④一定の技能や知識が習得される型，である。こうしたデューイの経験主義教育哲学理論を学習の方法と内容レベルで具体的に提起したものとしての「プロジェクト・メソッド」は，主として初等教育レベルにおいて広く普及していくことになった。

3　近代日本の学校と教育実践改革

開発主義教授法　アメリカ人スコット（Scott, M. M., 1843-1922）を招いて1872（明治5）年に東京師範学校が設立されて以降，欧米の教授理論を摂取しながらのわが国における学校と授業の改革の歴史が始まる。当時のアメリカにおいてはオスウィーゴー師範学校などを中心にペスタロッチ主義が革新的理論としてもてはやされていた。明治10年代のわが国公教育界にもたらされたものも，そのペスタロッチ主義にもとづいた一斉教授形態による**実物教授法（object lesson）**の理論と実践であった。この実物教授法の考え方が当時の開発主義教授法と呼ばれるものにもとづく授業実践を生み出したのである。それは，「自然ノ順序ニ従ヒテ諸心力ヲ開発スベシ」，「五官ヨリ始メヨ　児童ノ発見シ得ル所ノモノハ決シテ之ヲ説明スベカラズ」との教授原則にもとづくものであったが，具体的な授業形態としては，実物を観察しながら教師と子ども相互による問答のやりとりによって進められてゆくものであった。

　1883（明治16）年には，オスウィーゴー師範学校に学んだ高嶺秀夫（1854-1910）の直接的指導を受けた若林虎三郎と白井毅が東京師範学校附属小での実践を基に『**改正教授術**』を著わしたが，これは開発主義教授法の権威書となった。こうして明治10年代，ペスタロッチ主義にもとづく開発主義教授

法は，東京師範学校および同附属小における実践をモデルとして，同校の卒業生や前記教授法書などを通して全国の学校現場に普及していったのである。しかしながら，子どもの諸心力の開発を目的としたこの開発主義教授法も，1881年の「小学校教則綱領」に象徴されるように，国家による公教育の目的および内容の統制下では，国家公定の教育内容・教材を伝達する手段にすぎなかったといえよう。このような明治期における教授理論とそれにもとづく授業改革の性格が一層顕著にされてゆくのが明治20年代である。それは教授－学習理論上におけるペスタロッチ主義からヘルバルト主義への転換を伴っていた。

ヘルバルト派教育学による公教育教授定型　1887（明治20）年，当時の文相森有礼に招かれて来日した**ドイツ人ハウスクネヒト（Hausknecht, E., 1853-1927）**は，帝国大学でヘルバルト派教育学の講義を行った。また，東京高等師範学校からもドイツに留学生が派遣され，当時プロイセン絶対主義体制と結びついて理論的体系化が進められていたヘルバルト派教育学の理論と実践が，わが国公教育界にもたらされたのである。当時国家主義的な教育体制づくりの下で天皇の臣民育成をめざしていたわが国にとって，ヘルバルト派の教育内容・教材論および形式的教授段階論こそ明治国家公定の教育目的・内容にふさわしく，またそれらを伝達する手段としても極めて有効である，との判断が働いていたからなのであろう。

　こうして明治期公教育体制は，国家や府県レベルでの教則→各学校レベルでの教授細目→各教師レベルでの教案といった上意下達的な支配構造に支えられながら，ヘルバルト派教育学による画一的な教授の定型化が進行していったのである。そこには，実践主体としての教師は存在せず，ただ所与の教育内容・教材の伝達者としての「教師」が存在するだけであった。

大正自由教育運動　明治期後半に確立した上述のような公教育教授定型は，大正期に入ると，政界における大正デモクラシーの興隆および教育界における世界新教育運動の展開という2つの波の影響を受け，画一化・定型化からの克服方途が模索され始める。この新しい動きが，子どもの個性・創造

性・自主性などの尊重，学習形態の個別化等々を基調とした大正自由教育運動である。

各地の師範学校附属小や私立小学校を拠点に，様々な学校と授業の改革実践が生み出されたのである。例えば，**沢柳政太郎（1865-1927）による私立成城小学校**での「個性尊重の教育，自然に親しむ教育，心情の教育，科学的研究を基とする教育」を理想に掲げた実践，**野村芳兵衛（1896-1986）らによる東京池袋児童の村小学校**でのカリキュラム・時間割・教室などを子どもの選択にゆだねた自由教育の実践，成城小にいた**赤井米吉（1887-1974）らによる私立明星学園**でのドルトン・プランにもとづく自学自習の実践，**及川平治（1875-1939）による明石女子師範附属小での分団式動的教授法**の実践，**手塚岸衛（1880-1936）による千葉師範附属小での自治・自学主義**にもとづく実践，**木下竹次（1872-1946）による奈良女高師附属小での合科学習**の実践，**長野師範附属小学校の研究学級における総合学習**の実践，等々が著名である。

児童の学習を中心としたカリキュラムの開発を試みた長野師範附属小研究学級の総合学習は，1～3年における長野市近郊での子どもの自由な興味・関心にもとづく郊外学習から，4年生における動物の共同飼育等の集団的取り組みを中心に据えた学習へ，さらに5～6年生における長野市の総合的研究活動へと発展させられていくものであり，その伝統は戦後の長野県における総合的学習の展開へと引き継がれていった。

以上の実践は，比較的統制の手のゆるやかな師範学校附属小や私立小学校を中心に展開されていったが，昭和期に入ってからは国家権力からの弾圧とプロレタリア教育運動などからの小市民的性格に対する批判を受けるようになり次第に衰退していった。しかし欧米の新教育運動の諸理論を摂取しながらの大正期教育改革実践は，第二次大戦直後のわが国の教育界にも少なからぬ影響を与えてゆくこととなった。

4 生活指導の教育方法

戦前の「生活指導」　近代日本の公教育において，科学・技術・芸術など文化財の習得を主目的とするいわゆる「教科指導」とは異なって，直接，態度や意志の形成を主目的とする独自の指導領域は，ヘルバルト教育学の「管理（Regierung）」・「訓練（Zuchut：訓育）」概念に依拠して，教育活動上にその位置を理論上承認されていた。だが，「管理」概念は，もともと「本来の教育」には属さない，秩序形成のための欲望・行動の抑制であったし，「訓練」概念は，直接的に教育の目的をめざすためのものであったがゆえに，教育勅語に規定された行動様式の形成となってしまっていた。子どもに自らの生活現実を見つめさせ，新しい生活を切り拓いていくいわば生活主体者としての態度を育成・指導していくといった独自の教育活動は，他ならぬ大正期から昭和初期にかけて展開された**綴方教育・生活綴方**の中から生まれてきたのである。そしてこれらの実践の中で用いられた生活綴方的教育方法こそ，日本の教育実践史上における固有の教育方法なのである。

　例えば，明治期公教育の画一的・定型的な教授法の打破をめざして実践された**芦田恵之助**（1873-1951，綴方教育において子どもの自己表現能力を伸ばすための「随意選題」を提唱）や**鈴木三重吉**（1882-1936，児童文芸雑誌『赤い鳥』を編集）等の綴方教育から，昭和期に入っての**小砂丘忠義**（1897-1937，雑誌『綴方生活（第2次）』を編集）や佐々木昂（1906-1944，東北地方で展開された生活綴方の北方性教育運動の理論家・組織者）などの生活綴方へという運動の展開は，生活を綴らせるということの目的が，文章表現指導のための生活指導から子どもたちが自らの生活現実をリアルに見つめ生活主体者として成長していくための生活指導へと，その重点を移動させていることを意味していたのである。

戦後の「生活指導」と「生徒指導」　こうしたいわば昭和初期民間教育運動の中で生みだされた生活綴方教育運動は，戦時下教育体制への突入とと

もに厳しい弾圧によって，その実践の担い手たちを失っていったが，戦後再び，「日本綴方の会」（後に「日本作文の会」と改称）として復活，**大関松三郎の詩集『山芋』や無着成恭の綴方集『山びこ学校』**などを生み出し，理論的実践的伝統が引き継がれていった。

その一方で，「教科指導」に対する「生活指導」の考え方は，第二次大戦後の学校教育活動上の一領域として公的にも明確に位置づけられ，承認されていくことになった。1946（昭和21）年10月，文部省は『国民学校公民教師用書』を公刊するが，その中で戦前の修身に代わるものとして公民教育構想を打ち出したのである。そこでは，公民教育の指導方法として，「実践指導」と「知的指導」が，さらに前者の中身として「生活指導」と「自活の修練」なる概念が明示されている。公民教育は「公民としてりっぱな性格をみがき，また公民的な良識を養ってゆくことを目ざすもの」であるとされたが，「広い意味の習慣を形作る」ための「生活指導」がまず最初に行われ，その基盤に立脚し後から「知的指導」によって知識的な意味づけがされるという関係にあった。ただし，この点がいわゆる躾型の生活指導論だと指摘されるゆえんでもある。

1947（昭和22）年学習指導要領が発表されたが，そこには新しく設定された「教科」として「自由研究」なるものが登場している。その具体的内容をみると，子どもの興味・関心にもとづいて学習活動を発展・深化させる取り組みと並んで，学年や学級の枠を越えてのクラブ組織による活動や当番・学級委員としての仕事にも取り組むものとなっており，「教科外課程」の設定といってよいものであった。当時において「自由研究」は，正規の教科学習とは別の時間割で実践されることが多かったといわれる。ちなみに，いわゆる「教科外課程」のその後の変遷を学習指導要領上の位置づけでみるならば，1951（昭和26）年改訂によって小学校は「教科以外の活動」，中・高校は「特別教育活動」となり，それまでの「教科課程」は「教育課程」という名称に変わった。その後，1958（昭和33）年改訂で，小・中学校に「道徳」が特設され（高校は無し），「特別教育活動」・「学校行事等」という領域構成

となり，さらに1968〜70（昭和43〜45）年改訂で従来の「学校行事等」を組み入れた「特別活動」が新設され，小・中学校は「教科」「道徳」「特別活動」という３領域構造に，高校は「教科」「特別活動」の２領域構造となり，現在では1998（平成10）年改訂で小・中・高校ともに新しく「総合的な学習の時間」が加わることになってきている（第２章を参照されたい）。

1965（昭和40）年，文部省は『生徒指導の手引き』(1981年に改訂）を公刊しているが，そこでは**「生徒指導」という用語**が登場してきている。この「生徒指導」という用語は，20世紀初頭のアメリカで職業指導の運動として始まった**「ガイダンス（guidance）」理論**を背景としており，第二次大戦後米国使節団によって日本の教育界に生活指導の理論・方法として導入されてきたものである。それは，学校生活において子どもたちが直面する栄養上・進路選択上の困難や悩みなどに対して，それらの解決に向けて援助していくというカウンセリング（教育相談）活動を中心としたものであった。

「学級集団づくり」　　最後に，学校生活の基本単位であり，学習集団であり生活集団でもあるという機能を果たしている「学級」を，子どもたちの自主的自治的な取り組みを通して文化的自治的集団へと発展させ，そのことによってその集団構成員である子どもたち一人一人の人格形成を図っていこうとする「学級集団づくり」論に言及しておこう。

このような「学級集団づくり」を通しての生活指導・人格形成という考え方も，日本固有の教育方法といってよいだろうが，その実践と理論を蓄積してきているのが**全国生活指導研究協議会（略称：全生研）**である。

全生研は，**マカレンコの集団発展の三段階論**に対応する形で，寄り合い的段階−前期的段階−後期的段階，という学級集団の発展段階を提起した。その発展段階に対応しつつ教師の指導は３つの側面から展開されるべきであるとし，いわゆる「班づくり，核づくり，討議づくり」という定式化が導き出されたのである。それは，集団全体に対する基礎的集団＝班を編成すること，自己指導を担っていく核および核集団を育てること，集団の力についての自覚とその行使について教えていくこと，という３つの側面から教師は指導し

ていくことを意味していた。この定式化は確かに生活指導におけるひとつの具体的方法技術体系にちがいないのではあるが，方法技術の根本にある集団主義的人間形成の基本理念を捨象したひとつのテクニックとしてのみ受けとめられてはならないであろう（全生研常任委員会編『学級集団づくり入門』明治図書，1963年，そして研究の今日的展開として章末掲載参考図書）。

旧ソビエトにおける集団主義教育論　ソビエト教育学などの集団主義教育理論にもとづく生活指導の方法に言及してゆこう。ソビエトの教育家マカレンコ（Макаренко, А,С., 1888-1939）は，ロシア大革命後ゴーリキーおよびジェルジンスキー・コローニア（児童労働施設）での実践（実践記録として『教育詩』，や『塔の上の旗』(1938) がある）をもとに，集団主義教育理論の構築に貢献した。彼は，集団のもつ豊かな創造力を承認したマルクス主義哲学における「集団主義」という考え方と，「人間に対する最大の要求と人間に対する最大の尊敬」という言葉に象徴されるマルクス主義人間観との，2つの根本理念にもとづいて集団づくりの原理と方法とを提起したのである。それは，個人を高次な自覚へと導く「見通し路線」に即したソビエト的子ども集団の発展の基本的道すじとして，(1) 教師が組織者として子ども集団の前に要求をもって立ち現れる段階，(2) 子どもたちの中から自分たちの要求を出すことのできる積極分子が形成される段階，(3) 教師に代わって子ども集団が自己統治能力をもって全面に立ち現れてくる，いわば自治的集団形成の段階，という3段階を説いたものであった。また，そのような集団の発展に対応して教師が指導してゆく事柄を，集団主義教育における中心的組織単位としての基礎集団＝隊，隊の代表責任者による隊長会議，そして集団の最高決定機関である総会，そいう組織論的側面も理論的に整備した。こうして社会主義社会を担う人間形成は，目的志向的に組織された集団というものを通して各個々人に訓育的作用を及ぼすことが最善の方法であるという，いわゆる「平行的教育作用」論に依拠されるとしたのである。

全面発達の教育思想と総合技術教育　次にソビエト教育学からの問題提起を見てゆこう。マルクスは『資本論』(1867-1894) において，「生産的労働

を知育及び体育と結びつける教育が，全面的に発達した人間を生産するための唯一の方法である」と述べている。この「労働と教育の結合」思想は，前述したようにルソー－ペスタロッチ－ケルシェンシュタイナーと連なる理論系譜の中に見出されるのであるが，マルクスはそれを生産的労働と教育の結合による人間の全面的発達という考えで提起したのである。さらに，20世紀初頭ソビエト＝ロシアの教育学者**クループスカヤ（Крупская, Н. К., 1869-1939）は著書『国民教育と民主主義』（1917）**の中で，大工業の本質そのものが労働に対する一般的能力とか総合技術的能力を育成する教育を，すなわち全面的に発達した労働者の育成を必然的に要求するとの分析から，総合技術教育の思想へと結実させていったのである。この総合技術教育の思想は，たんに職業技術教育のひとつであると理解されてはならず，あらゆる労働の対象・手段・過程に関する自然科学および社会科学上の本質的基礎的諸要素を生産的労働（あるいは後に社会的有用労働とも呼ばれたもの）を通して獲得することによって，精神的身体的諸力の調和的発達（すなわち全面発達）を実現する基盤を形成する，という理念として理解されるべきなのである。この「生産的労働と教育の結合」原理を具体的にどのような形態で学校教育の中へとり入れていくのかをめぐって，その後のソビエト＝ロシア内では，様々な思考錯誤をくりかえしながらも，それは今日の教授－学習理論上の基本原理のひとつとして確立されてきたのである。

【参考基本図書】
・稲垣忠彦『増補版　明治教授理論史研究』（評論社，1995）
・川合章『近代教育方法思想史：ヨーロッパ編』（青木書店，1982）
・川合章『近代日本教育方法史』（青木書店，1985）
・柴田義松『ソビエトの教授理論』（明治図書，1982）
・長尾十三二編『世界新教育運動選書１：新教育運動の生起と展開』『同２：新教育運動の理論』『同３：新教育運動の歴史的考察』（明治図書，1988）
・全生研常任委員会編『子ども集団づくり入門』（明治図書，2005）および同上委員会（企画）竹内常一／折出健二（編著）『生活指導とは何か』（高文研，2015）
・寺崎弘昭・周禅鴻『教育の古層：生を養う』（かわさき市民アカデミー講座ブックレット，シーエーピー出版，2006）

【コラム6：教育史上におけるカリキュラム編成原理】

1. 本質主義（essentialism）と進歩主義（progressivism）

学校教育におけるカリキュラムをどのように編成するかは、そもそも学校教育というものの役割をどのように考えるかに規定される。すなわち、これまで人類が蓄積してきた科学や芸術などの文化的遺産の中からより普遍的でより本質的な内容を取り出してきて子どもに伝達していくべきと考える立場である「本質主義」に立つか、子どもの興味・関心やそれぞれの時代の社会的要請を重視し生活経験を中心に組織していくべきと考える立場である「進歩主義、ないしは革新主義」に立つかによって、教育内容は大きく異なるのである。ちなみに後者のような考え方は、19世紀後半、アメリカ資本主義の興隆とともにパース（C. S. Peirce, 1839-1914）やジェームズ（W. James, 1842-1910）によって主張された、真理を客観的な存在の反映ではなく実践上で有効な知識のことであるとみなす「実用主義（pragmatism）」の思想とも関係している。

2. 教科カリキュラムと経験カリキュラム

上の2つの考え方に対応するカリキュラム編成の2つの類型として「教科カリキュラム」と「経験カリキュラム」とがある。前者は、これまで人類が蓄積してきた科学や芸術などの文化的遺産の学問分野領域にもとづいて、教育的価値や子どもの発達段階といった観点から選択し配列してつくりあげた「教科」を中心として構成したカリキュラムである。そのようなカリキュラム編成では、学習が抽象的概念的な次元のものとなり、かつ受動的な学習スタイルで断片的羅列的な事項の詰め込み型になりがちであるとの批判から、教科の枠を外して子どもの生活経験を中心として構成しようとする後者の「経験カリキュラム」が提唱されてきている。しかしそれは逆に、活動主義的な学習スタイルが中心となり客観的知識の系統的な習得がおろそかになりがちで、結果として基礎的学力の低下を招きがちとなる。

3. 統合的なカリキュラム

カリキュラム編成を「教科と経験」という軸を設定した分類と同様に、「分化と統合」という軸を設定した分類もまた可能である。その場合、これまでの教育史上においては、およそ次のようなものが提唱されてきているが、それぞ

れ厳密な区別はしがたく，重なり合う部分も多い。

（1）**相関カリキュラム（Correlated curriculum）**　教科カリキュラムの枠を維持したまま教科間の相互連関を図ったものである。特に，カリキュラム全体で重視するテーマ（例えば環境教育や健康教育など）を設定し，それに関連する各教科の内容を取り出してきて構成を図ったものとして，イギリスや日本で試み始められてきた「クロス・カリキュラム」がある。

（2）**融合カリキュラム（Fused curriculum）**　教科の学習を中心としながらも，取り扱う問題の範囲を覆う教科の境界を撤廃して構成を図ったものである。地理・歴史・公民の融合としての社会科や物理・化学・生物・地学の融合としての理科いったようなカリキュラムのことをいう。

（3）**広（領）域カリキュラム（Broad-fields curriculum）**　教科の枠を取り払って，学問の専門分野をより広い領域に統合することによって学習内容の細分化を克服し，あるテーマを広い視野に立って追究しようとするカリキュラムである。調理・被服・育児・家政の融合としての家庭科などが挙げられる。

（4）**コア・カリキュラム（core curriculum）**　コア（核）となる中心課程と，それを支える関連内容領域の周辺課程とから構成されるカリキュラムのことである。多くの場合，前者が現実生活上の課題を解決しながら学習が進められていくのに対して，後者ではその活動に必要な基礎的知識や技能を学習していくのである。1930年代アメリカのヴァージニア州やカリフォルニア州で試みられた進歩主義教育の実践（ヴァージニア・プラン，カリフォルニア・プラン），その影響を受けて第二次大戦直後の日本では新しく登場した社会科を中心教科にすえたコア・カリキュラム運動と呼ばれる実践が展開された。

4．スコープ（scope）とシークエンス（sequence）

主に経験カリキュラムやコア・カリキュラムを構成する際には，2つの方法論的概念が重要となる。それが，子どもの生活領域全体の中からどのような範囲のものを選択してきて学習内容を構成するのかといったスコープ（領域・範囲）の概念と，選択された内容を子どもの発達段階に即してどのような順序で各学年ごとに配列していくのかといったシーケンス（配列・系統）の概念である。この2つの概念は一般にカリキュラム構成上の横軸と縦軸ともいえる。

第7章　新しい学習活動の創造

1　集団・共同での学習の理論と動向

　学校は，一人ひとり成育歴や性格，学力も異なる子どもたちが集まって，学習集団が形成されている。その「異なる」という集団の特質を生かして，学習を深めていくような集団・共同での教育方法に，「集団思考」という概念がある。「集団思考」は学習過程として次のように説明されている。

　「子どもたちは，自己の生活経験や既有の知識・技能を総動員して共通の学習対象に能動的に立ち向かい，そこで得られた知識や論証をもって学級の仲間に働きかけ，互いに仲間の反論や反証を尊重しながら自己の認識と他者の認識とをたたかわせ合い知的に競い合っていく活動を行う。」（吉本均『教授学　重要用語300の基礎知識』明治図書, 1981, p.208）

　つまり，課題解決に向けて，自分の考え方とクラスメートとの考え方を交流させ，自分とは異なる多様な考え方にふれることによって自分の考え方をより広く，深くしながら学んでいく，という学習過程が「集団思考」である。集団での学習は，課題解決に向けて共同で取り組み，他者とのかかわりによって自分の学習が深まることから，共同の学習でもある。
　この「集団思考」においては，「陶冶的な側面」と「訓育的な側面」の双方の統一として授業をとらえることができる。「陶冶」は知識・技術など学力形成をはかること，「訓育」は徳育・信念・態度などの人格形成をはかることである。具体的には，「陶冶的な側面」では他者の多様な考え方に出合うことによって，自分の考え方がゆさぶられ，様々な視点から考えることに

よって，批判的な思考や創造的な思考が培われていく。つまり，学びの質が深まるのである。「訓育的な側面」では，独創的な考えや人の気づかなかった視点からの考えが歓迎されことによって，お互いの違いを認め合う関係が生まれる。また，自分の意見が生かされたり，他者の意見に耳を傾けることから，共同で一つのことを達成していく関係が生まれる。つまり，他者理解，自己肯定感が形成され，民主的な態度が培われるのである。

　「集団思考」という概念は，誰かが明確に提唱して広まったものではなく，現場での実感的概念から授業研究に適用されていったが，「集団思考」という言葉は1980年代以降，教育界においては次第に使われなくなってきたという。しかし，1990年代から「集団思考」の考え方を根底とした，「協同」を中核とする学習が志向されるようになってきている。この志向は，子どもに培うべき学力観の転換と，日本の子どもに特有の課題への対応から，「陶冶」と「訓育」の統一を目指す集団・共同での学習が，あらためて志向されているのである。

　今日の知識基盤社会では次々と新しい知識が生まれており，確立された知識を刷新していくために，生涯，学ぶことが必要な社会になってきている。また，人や情報との関わりが世界的な規模となり，グローバルな社会にもなってきている。このような現代社会においては，特定の状況の中で，技能や意欲や知恵など様々な資源を引き出し，それらを動員し，複雑な問題を解決していく力が必要であることを，経済協力開発機構（OECD）が提唱している。そして，そのような力を培うための国際標準の学力として，3点の主要能力（キー・コンピテンシー）が提唱されている（ライチェンほか編著，立田監訳，2006）。1点目は，自分の生活を意味あるものにし，よりよく働き生きるための「自律的に活動する力」，2点目は，知識や技術を創造し，応用するための「道具を相互作用的に用いる力」である。なお，この「道具」には，物理的な道具だけではなく，言葉・情報・知識が含まれている。3点目は，他者とよい関係を作り，協力してチームで課題を解決していくための「異質な集団で交流する力」である。つまり，授業においては各教科で定められてい

る内容を教えるだけではなく，よりよく働き生きるために自律的に考え行動すること，生涯学習社会への備えとして学び方を身につけること，グローバルな社会の中で異質な他者と協力して問題解決をすること，という力をも授業の中で培うことが求められるようになったのである。この培うべき学力観の変化から，「陶冶」と「訓育」の統合としての共同での学習への注目が高まっている。

また一方では，「学びからの逃走」(佐藤学 2000) という，子どもの学ぶ意欲の低下や学力の格差拡大という問題がある。これらの問題へのアプローチとして，先進的な学習概念から「協同」を中核とした教育方法が志向されるようになってきている。

人がどのように学ぶか，という学習概念において，1970年代から1980年代にかけて「構成主義」が提唱され，さらに「社会構成主義」が提唱されるようになった。「構成主義」はピアジェ（Piaget,J., 1896-1980）の発達理論に基づいており，既有の知識をもとに新たな経験を自分で解釈することによって知識が構成される，ととらえる。この「構成主義」の考え方は，知識は与えられるもの，とする「行動主義」の学習概念に対して，知識は構成するもの，ととらえる点において画期的であった。しかし，「構成主義」はあくまで学習を個人の営みとしてとらえており，自然や物との相互作用による経験を新たな経験と想定している。しかし「社会構成主義」では，人を社会的な存在としてとらえ，社会的な相互作用が学習において重要とし，学習は他者との相互行為による営みと考えている。「社会構成主義」の考え方は，確固たる知識が「ある」のではなく，その社会を構成している成員との相互作用によって知識が構成される，というものである。この「社会構成主義」の視座に先立って，「最近接発達領域 Zoon of Proximal Development」を提唱したのがヴィゴツキー（Vygotsky, L.,1896-1934）である。「最近接発達領域」とは，「自分の力だけで問題を解くことによって決定される現実の子どもの発達水準と，大人の指導や自分より能力のある仲間との共同の中で問題を解いていくことによって決定される可能性の発達の水準との相違」(佐藤公治

1999, p.34）である。ヴィゴツキーをもとにした「社会構成主義」の学習概念の特徴は，他者との社会的相互作用によって学習や発達が生起すること，知識は他者との相互作用によって構成されること，さらに，優れた仲間との「協同」によって，より高い水準の問題を解決することができるという，発達の可能性に目を向けたこと，この3点に集約される。「社会構成主義」に基づく共同の学習は，道具「言葉」を使って相互作用的活動「対話」を行い，既有の知識と経験したことから新たな知識を構成したり再構成することを通じて，知識を自分のものとする，と考える。また，ヴィゴツキーの論をもとに**ブルーナー（Bruner, J., 1915-）**は，大人や仲間による適度な支援「足場かけ scaffolding」も学習を促進することを提唱している。これら，新しい学習概念への視座からも，「協同」を中核とし，「集団思考」を組織する共同での学習への志向が高まっているのである。

　では，「共同」ではなく「協同」という言葉を用いている，近年の集団・共同での学習の特徴は何なのであろうか。「協同」を中核とした学習には統一した定義はないが，個人で学ぶよりも集団で学ぶ方が達成度が高いこと，「競争」的な学習よりも「協同」的な学習の方が効果的であること，この2点について共通している。しかし佐藤学（2012）は，アメリカで普及しているジョンソン兄弟らの「協同的学び cooperative learning」と「協同的学び collaborative learning」は異なると言及し，前者の「協同的学び cooperative learning」をあえて「協力的学び」と訳している。そして佐藤は，「協同的学び collaborative learning」はデューイとヴィゴツキーの理論に基づくと述べ，学びには「真性の学び（教科の本質に即した学び）」「ジャンプのある学び（創造的・挑戦的学び）」「学び合う関係（聴きあう関係）」の3つが必要だとしている。いずれにしても，「集団思考」を組織する共同での学習と，「協同」を中核とする学習は異なるわけではない。グループ活動という授業形態が「集団思考」を自動的に生み出すものではない点においても，一握りの生徒だけが活躍するのではない学習を生起させるために，授業をデザインすることが教師の役目である点においても，「集団思考」を組織する共同で

の学習と,「協同」を中核とする学習は同様の意味を持つ。しかし「協同」を中核とする学習では,すべての生徒が互恵的にかかわり合って学習を深める,ということがあらためて強調されているのである。

2 授業づくりの課題

「集団思考」を深めていくような授業づくりにおいては,対話を中心として授業を構想してみよう。佐藤学（2010）に依れば,この対話には,「教師や仲間」という他者との対話だけではなく,「対象世界（題材・教育内容）」との対話,「自分自身」との対話という3つの対話がある。この3つの対話を通して,教育内容が定着していくように授業をデザインしていく。そのためにはまず,何を生徒に学習させたいのか,何について思考を深めさせたいのか,が明確になっていなくてはならない。そして,授業の流れを構想する中で,この1時間の授業において,どこで思考を深めたいのか,そのためには主発問をどのようにしたらよいのか,生徒が何をできるようになったら学習がなされたとみなすのか,どの場面で学びを見取るのか,を明確にしていくことが重要である。しかし,どのような授業デザインであっても,授業の最後には「自分自身」との対話場面となるように授業を組み立てることが必要である。これは,授業をふり返り,「集団思考」で深まった考えを自分のものとして再構成することが,知識の獲得には必要だからである。

　まず,導入・展開・まとめという1単位時間の授業の流れにおいて,授業づくりを考えてみよう。導入の段階は,「対象世界（題材・教育内容）」との出会いの段階である。生徒の興味をかきたて,「取り組んでみたい」と思わせる課題を設定できるかどうかが,学習への動機づけを決定する。また,課題の適切さがその後の対話の深まりを決定する。簡単すぎる課題では「対象世界（題材・教育内容）」との対話も「教師や仲間」との対話も深まっていかない。また,難しすぎる課題では,他人任せになったり,学習への意欲が減退する場合もある。既有の知識や考え方をゆさぶるような意外性があり,

これまでに習得した知識を活用すれば，あるいは新しい知識を自分たちで調べれば何とか解決できそうな課題を設定することが大切である。また，課題を生徒に提示する際には，他者に説明をする，納得させる，という目的を盛り込んだ表現にする。説明するということは，根拠を示すことが必要になることから，学習が探究的になるのである。例えば，「なぜ秀吉は太閤検地を行ったのかを考えよう」ではなく，「なぜ秀吉は太閤検地を行なったのか，物語にして伝えよう」であれば，他者に分かるように順序立てて説明することになる。また，「なぜ秀吉は太閤検地を行わなくてはならなかったのか，物語にして伝えよう」と，表現を変えてみると，天下統一を成した秀吉の次の目的や近世社会の枠組み作りへの視点が明確になる。課題は学習を深めるための仕掛けであるので，何を学習させたいのか，何を深く考えさせたいのか，との関連で構想することが必要である。また，課題提示の際には，具体物や絵図，新聞記事などの事実，といった生徒が身近に感じられるもの，生徒の経験と結び付けられるものを用いて，生徒の興味関心を高める工夫も重要であろう。しかし，どのような場合でも，その課題が単元のどこに位置づくのか，これまでの学習と次の学習のつながりを教師が把握していなくてはならない。

　展開の段階は「対象世界（題材・教育内容）」との対話の段階でもあり，同時に，「集団思考」を生み出す「教師や仲間」との対話の段階でもある。一斉授業の形態でも生徒同士の対話を行うことはできるが，気軽に疑問や考えを表明することのできる小グループでの活動を取り入れることも，対話を深めていくためには有効である。例えば，席の近い生徒同士でバズ・セッションを行ってもいいし，4人組など小グループで課題解決に向けて取り組ませてもよい。また，ジグソー学習で個人の責任を明確にして対話を組織する方法もある（コラム参照）。どのような形態においても，展開では生徒と生徒の対話を通じて，思考を広げたり，深めることができるようにすることが大切である。そのために教師は「ゆさぶり」をかけ，葛藤や混乱を引き起こすこともある。対話が活性化せず，平板な所に落ち着きそうであれば，反対

の意見をわざと述べたり，矛盾をついたりして，まさに生徒の思考をゆさぶるのである。また，一斉授業の形態においては，生徒の発言で深めていきたい部分を教師が繰り返して全体に返すなど，生徒の発言を意図的につなげて，「集団思考」が深まっていく支援を教師が行う必要もある。

　この「教師や仲間」との対話場面において，教師が最も気をつけなくてはならないことは，生徒全員を対話に参加させることである。もちろん，一斉授業において全員が考えを述べることができるわけではない。しかし，対話は述べる行為だけではなく，相手の述べていることを注意深く聞く行為によって成り立っている。したがって，対話での「聞く」という行為は能動的な行為であり，「聞く」ことが対話に参加することなのである。これは，グループにおける活動でも同様である。しかし，「聞く」ことが能動的な行為になるためには，観点を示して指導する必要がある。この発言は何を主張しているのか，その主張は自分の意見と同じなのか，違うのか，その主張には納得できるのか，もう少し説明を加える部分は無いのかなど，自分の思考に関連させて「聞く」ことが，能動的な行為としての「聞く」行為には必要である。この能動的に「聞く」ことから「集団思考」が成り立ち深まって，批判的な思考や創造的な思考に発展していくのである。また，一斉指導の形態では，生徒が発言する際に教師に向かって発言するのではなく，生徒の方を向かせるなど，生徒同士の対話にしていくための構えも指導する。

　対話においては，生徒だけではなく教師も「聞く」ことに注意を払わなくてはならない。教室の中には，発言を積極的に行う生徒もそうでない生徒もいる。しかし，何気ない素朴な疑問が真理をついている場合も少なくない。学力の高い生徒や積極的に活躍する生徒だけではなく，そういう生徒のつぶやきをひろう耳と目を，教師として養いたい。そのためには，一斉指導の形態の中にバズ・セッションなどを取り入れて，自分なりの考えや意見をもてるような学習機会をつくる。その際の机間指導において，自信のない生徒を勇気づけたり，上手く表現できない場合は的確な言い方に変換する支援を行う。また，考えや意見を持てない生徒にはヒントや手がかりを示し，「足場

かけ」をすることも必要である。しかしそういった場面では，教師が支援するよりも，仲間が自然に「足場かけ」をしていることが実際にはよくある。ここでも教師はまず生徒を見る目を養い，時には待つこと，見守ることがあってもよいのである。仲間同士で自律的に学習が成立しているかどうかを見極め，必要な時に必要な支援を行っていくことができるようになりたいものである。

　まとめの段階は，展開で深まった考え方やわかったこと，課題に対して解決したことなど，「集団思考」を個人の思考にもどして定着させる，「自分自身」との対話の場面である。この場面では，生徒が学んだことを納得するためにも，教師が本時の生徒の学びの軌跡を把握するためにも，「書く」ことが必要である。仲間との対話を通じて発言し，わかったように感じても，書くことができない生徒は少なくない。「書く」ということは，自分に向かって順序立てて説明することである。その「書く」過程は，教師や仲間との共同の学習で獲得したことを再構成し，自分の知識として定着させていく過程である。であるから，穴埋めのような単語を書き入れれば完成するようなワークシートではなく，文章で記述する形式が望ましい。その際に，思考を深めるような課題であった場合には，「〜がわかったか」という問いではなく，「〜について説明できるようになったか」「〜について根拠を示して主張できるようになったか」という問いかけ方がふさわしいであろう。さらに，本時の学習に対して，まだ疑問であること，もっと深めたいこと，次にやってみたいこと，などについても記述する指導を行う。これは，生徒が本時の学習をふり返り，次時への関心を高めるだけではなく，教師が生徒の理解度や興味を把握し，次の授業に生かすためでもある。また，自分にとって有用だった仲間の発言も記述させていくと，お互いがお互いを助け合って課題を達成できたという，互恵的な関係が育っていく。

　これら，一単位時間の授業の流れが一目でわかるような板書を行うことも，生徒の学習には有効である。授業の始めに課題を示すとともに，授業の最後には何ができるようになればよいのか，到達点を最初に生徒に示すことは，

学習を見通すことになる。また,「集団思考」で練り上げた考えや重要事項など,ポイントとしておさえたい事柄や言葉は,適宜,板書し,本時に学習させたいことから生徒の思考がそれていかないように視覚的に訴えることも大切である。対話が活性化した時には,時として考えが広がりすぎ,まとめの段階においても整理できていない生徒もいる。広がった考えや話題を収束させるためにも,ポイントを整理して板書することが,「自分自身」との対話の場面で思考を再構成させるときの支援となる。

　最後に,どのようにしたら対話を中心とした共同での学習が成り立つのか,その学習集団づくりについて述べる。一言でいえば,わからないことをわからないと言っても大丈夫,的外れな意見でも発言しても大丈夫,と生徒が感じることができるような受容的な学習集団を育てることである。そのためには,仲間に説明することが自分のための学習となること,発言することが仲間に貢献すること,といった共同での学習の意義を生徒に理解させることが必要であろう。しかし何よりも,教師が受容的な言動を行い,生徒のモデルとなることが肝要である。生徒が発言した際には,最初に批判するのではなく受容する。的外れな意見であったとしても,「ここの部分は○○さんと同じ意見だね」とその意見を全体の対話の中に位置づけていく。表現力が乏しい場合は,「○○君の言いたいのはこういうことかな？」と補足したり,その補足する役目を他の生徒に問いとして投げかけてもよい。発言した生徒が誰かに貢献したと感じられるような経験を積むことによって,次第に他者を受け入れることや「協同」して課題解決することの心地よさが学級全体に培われていく。このような受容と貢献の関係性は経験によって培われていくので,グループ活動の最初に成功体験ができるような学習活動を取り入れることも効果的であろう。また,バズ・セッションのような少人数での短時間のグループ活動から始め,対話によって主体的に取り組む心地よさを経験させることも有効である。生徒に段階を追って経験させること,その方法を生徒の状況に対応しながら考え,実践し,省察していくことによって,教師もまた,生徒とから教えることを学んでいくのである。

3 アクティブ・ラーニング

　日本の教育は，学習指導要領に基づいて行われるが，次の学習指導要領改訂に向けて，「アクティブ・ラーニング」などの新たな学習・指導方法の開発と普及が必要とされている。「アクティブ・ラーニング」とは，教師による一方的な講義形式の教育ではなく，学ぶ側の能動的な学習への参加を促す学習方法の総称である。学習指導要領においては，これまでも各学校段階，各学年段階で「何を学ぶか」という学ぶ内容は明示されてきたが，今回の改訂に向けては「どのように学ぶか」という点が強調されている。これは，第1節で述べた国際的な学力としてのキー・コンピテンシーの習得を，日本においても目指すことを意味しており，「新しい時代に必要となる資質・能力」としては，「何事にも主体的に取り組もうとする意欲」「多様性を尊重する態度」「他者と協働するためのリーダーシップやチームワーク」「コミュニケーションの能力」などが挙げられている（「初等中等教育における教育課程の基準等の在り方について」諮問，2014年11月20日）。そして，これらを育むために「主体的」「協働的」に学ぶという，学び方が強調されているのである。なお，文部科学省では「共同」や「協同」ではなく，「協働」という表現を用いて，「課題の発見・解決に向けて主体的・協働的に学ぶ学習」をアクティブ・ラーニングとしている。アクティブ・ラーニングを実現するための学習方法としては，発見学習，問題解決学習，体験学習，調査学習等のほか，教室内でのグループ・ディスカッション，ディベート，グループ・ワーク等が想定される（コラム参照）。

　しかし，アクティブ・ラーニングの実践に際しては，次の2点の課題がすでに指摘されている。1点目は，「アクティブ」という言葉から，活動中心の授業になり，「協働的」に行う活動が単なるグループ学習に形骸化してしまう懸念である。習得させたい学習内容に対して，どのような形態の活動を行うことがどのように学習効果をもたらすのか，「協働的」に活動すること

が，個人的な活動と比較して，どのような学びを生み出すのか，これらを教師は問わねばならない。2点目は，アクティブ・ラーニングという学習方法を用いることによって，学びが深まるのか，という懸念である。例えば，単なる調べ学習の活動では，新しい知識を得ることはできても学びが深まるわけではない。学びを深めるためには，生徒自身が解決したい「問い」を持って探究することが必要である。そしてそのプロセスにおいては，既有知識や新たに得た知識を用いて考えを構成し，比較検討しながら思考を深めて結論を見出すことが必要である。そのような探究に応えられる課題設定や，数時間に及ぶ場合もある探究の授業の構想（カリキュラムづくり）が，生徒の学びを深めるためには必要である。さらに，どの場面で個々の学びを集団思考として構成し，どのようにして生徒1人1人に学習内容を定着させていくのか，という点も含めて，これからの教師にはより一層，授業をデザインする力量が求められるようになってきているのである。

【参考基本図書】
・ドミニク・S・ライチェン，ローラ・H・サルガニク編著（立田慶裕監訳）『キー・コンピテンシー：国際標準の学力をめざして』（明石書店，2006）
・佐藤公治『対話の中の学びと成長』（金子書房，1999）
・佐藤学『「学び」から逃走する子どもたち』（岩波書店，2000）
・佐藤学『教育の方法』（左右社，2010）
・佐藤学『学校を改革する 学びの共同体の構想と実践』（岩波書店，2012）
・吉本均『吉本均著作選集2 集団思考と学力形成』（明治図書，2006）
・杉江修治『協同学習入門 基本の理解と51の工夫』（ナカニシヤ出版，2011）
・多田孝志『地球時代の言語表現 聴く・話す・対話力を高める』（東洋館出版，2003）
・美馬のゆり・山内祐平『「未来の学び」をデザインする』（東京大学出版会，2005）

【コラム7：少人数・グループでの学習形態と学習者主体の学習方法】

1. バズ学習

バズ学習とは，授業の要所要所で生徒同士による話し合い活動（バズ・セッション Buzz session）を入れて授業を進めていく方法。考案したフィリップスは6人グループとしていたが，実践では2人組のペア活動としても行える。しかし，バズ・セッションが学習を深めるような話し合いになるかどうかは，学習課題による。

2. ジグソー学習

もともとは人種的集団の協調関係を深めるために考案されたもの。ジグソーパズルのように，一つひとつのピースとして学習する内容を分割し，最後にそれを共有して全体を学習するという方法。まず，教師が分割した学習内容を小グループにおいて誰が担当するのかを決める。次に，同じ学習内容を担当する生徒同士で集まり，その課題を共同して解決して「専門家」になる。最後に最初のグループに戻り，自分の担当した課題を報告し合い，最終的に学習内容の全体を全員が学習する。この学習は異なるグループでの活動があるので，固定化されずに多数の仲間と関わり合う状況を作り出す。また，その課題の「専門家」として探究すること，分かりやすく説明すること，この二つの目的が課せられ，責任の所在が明確であることから，学習に対する動機づけともなる。

3. 協同学習

授業の新しいパラダイムの具現化としてジョンソン兄弟が提唱し，協同学習（cooperative learning）を成立させる方法が定式化されている。また，授業を「協同的」にするために必要な5つの要素を次のように示している。

①「肯定的相互依存関係（互恵的な協力関係）」最も重要な要素であり，それぞれのメンバーに他のメンバーに貢献する責任をもたせる　②「個人の役割責任」個人に割り当てられた仕事に寄与する責任を自覚させる　③「促進的な相互作用」活発な相互交流のことで，助け合い，支え合い，励まし合う関係をつくる　④「社会的スキル」グループの一員としての役目を果たすため，対人

的なスキルやチームワークを学ばせる　⑤「グループによる改善手続き」グループ活動をふり返り，目標の達成度や行動について自己評価し改善させる。

4. 発見学習

　発見学習は，系統学習の理論を背景として主にブルーナーによって提唱された学習方法である。アメリカでは理数系においてカリキュラム開発され，科学者と同様の研究や探究活動を通じて知識を獲得していく学習として発展した。しかし，日本では学習内容やカリキュラム開発とは連動せずに，学習指導の方法として知られている。発見学習は帰納的なプロセスに基づき，「問題把握→仮説→検証→まとめ」という流れによって1単元や1単位時間で構成される。収集したデータから試行錯誤して類似性や規則性・法則性を見出すので，発見する喜びと共に深い学習に繋がる可能性が高い。しかしその実現は，決められたカリキュラムを限られた時間内でこなすという制約がある中で，学習内容に精通して授業をデザインする，という教師の力量に負うところが大きい。

5. 問題解決学習

　問題解決学習は，デューイの経験主義教育をもとにした学習方法である。学習者が現実の社会生活から問題状況を見極め，自ら課題を設定するところに特徴がある。学習活動は，学習者の生活経験や興味を重視して問題関心を主体的に組織するため，「単元学習」として実施される。問題解決学習では知識・技術は道具と位置付けられ，学習プロセスの中で問題解決に至るための道具としてそれら知識・技術を獲得するとされている。学習のプロセスは，デューイの反省的思考の5局面「示唆・暗示→問題状況の知性化→仮説→推理→検証」をもとに定式化されるが，日本における問題解決学習は独自の学習活動として発展しており，学習の流れは5段階として定まっているわけではない。しかしいずれの場合も，問題の把握・設定から探究を経て考察・結論に至る。学習者の興味・関心から発展する学習方法のため，その学習の広がりと深さを適切に支援すると共にどのように収束させ学びを導くのか，教師の力量に負うところが大きい。

巻末資料

巻末資料1：小学校の授業時数

上段は2008年版，下段は1998年版

区分	各教科の授業時数									道徳	特別活動	総合的な学習の時間	外国語活動	総授業時数
	国語	社会	算数	理科	生活	音楽	図画工作	家庭	体育					
1年	306 (272)		136 (114)		102 (102)	68 (68)	68 (68)		102 (90)	34 (34)	34 (34)			850 (782)
2年	315 (280)		175 (155)		105 (105)	70 (70)	70 (70)		105 (90)	35 (35)	35 (35)			910 (840)
3年	245 (235)	70 (70)	175 (150)	90 (70)		60 (60)	60 (60)		105 (90)	35 (35)	35 (35)	70 (105)		945 (910)
4年	245 (235)	90 (85)	175 (150)	105 (90)		60 (60)	60 (60)		105 (90)	35 (35)	35 (35)	70 (105)		980 (945)
5年	175 (180)	100 (90)	175 (150)	105 (95)		50 (50)	50 (50)	60 (60)	90 (90)	35 (35)	35 (35)	70 (110)	35 (—)	980 (945)
6年	175 (175)	105 (100)	175 (150)	105 (95)		50 (50)	50 (50)	55 (55)	90 (90)	35 (35)	35 (35)	70 (110)	35 (—)	980 (945)
計	1461 (1377)	365 (345)	1011 (869)	405 (350)	207 (207)	358 (358)	358 (358)	115 (115)	597 (540)	209 (209)	209 (209)	280 (430)	70 (—)	5645 (5367)

備考　1．この表の授業時数の1単位時間は，45分とする。
　　　2．特別活動の授業時数は，小学校学習指導要領で定める学級活動（学校給食に係るものを除く。）に充てるものとする。
　　　3．第50条第2項の場合において，道徳のほかに宗教を加えるときは，宗教の授業時数をもってこの表の道徳の授業時数の一部に代えることができる。（別表第2及び別表第4の場合においても同様とする。）

巻末資料2：中学校の授業時数

上段は2008年版，下段は1998年版

区分	各教科の授業時数									道徳	特別活動	総合的な学習の時間	選択教科に充てる時間	総授業時数
	国語	社会	数学	理科	音楽	美術	保健体育	技術家庭	外国語					
1年	140 (140)	105 (105)	140 (105)	105 (105)	45 (45)	45 (45)	105 (90)	70 (70)	140 (105)	35 (35)	35 (35)	50 (70～100)	— (0～30)	1015 (980)
2年	140 (105)	105 (105)	105 (105)	140 (105)	35 (35)	35 (35)	105 (90)	70 (70)	140 (105)	35 (35)	35 (35)	70 (70～105)	— (50～85)	1015 (980)
3年	105 (105)	140 (85)	140 (105)	140 (80)	35 (35)	35 (35)	105 (90)	35 (35)	140 (105)	35 (35)	35 (35)	70 (70～130)	— (105～165)	1015 (980)
計	385 (350)	350 (295)	385 (315)	385 (290)	115 (115)	115 (115)	315 (270)	175 (175)	420 (315)	105 (105)	105 (105)	190 (155～280)	— (210～335)	3045 (2940)

備考　1．この表の授業時数の1単位時間は，50分とする。
　　　2．特別活動の授業時間は，中学校学習指導要領で定める学級活動（学校給食に係るものを除く。）に充てるものとする。

巻末資料3：高等学校の単位数等，2009年版学習指導要領より

第2款　各教科・科目及び単位数等
1　卒業までに履修させる単位数等

　各学校においては，卒業までに履修させる下記2から5までに示す各教科に属する科目及びその単位数，総合的な学習の時間の単位数並びに特別活動及びその授業時数に関する事項を定めるものとする。この場合，各教科に属する科目（以下「各教科・科目」という。）及び総合的な学習の時間の単位数の計は，第3款の1，2及び3の（1）に掲げる各教科・科目の単位数並びに総合的な学習の時間の単位数を含めて74単位以上とする。

　単位については，1単位時間を50分とし，35単位時間の授業を1単位として計算することを標準とする。ただし，通信制の課程においては，第7款の定めるところによるものとする。

2　各学科に共通する各教科・科目及び総合的な学習の時間並びに標準単位数

　各学校においては，教育課程の編成に当たって，次の表に掲げる各教科・科目及び総合的な学習の時間並びにそれぞれの標準単位数を踏まえ，生徒に履修させる各教科・科目及び総合的な学習の時間並びにそれらの単位数について適切に定めるものとする。ただし，生徒の実態等を考慮し，特に必要がある場合には，標準単位数の標準の限度を超えて単位数を増加して配当することができる。
〔注：表は次頁に掲載〕

3　主として専門学科において開設される各教科・科目

　各学校においては，教育課程の編成に当たって，次の表に掲げる主として専門学科（専門教育を主とする学科をいう。以下同じ。）において開設される各教科・科目及び設置者の定めるそれぞれの標準単位数を踏まえ，生徒に履修させる各教科・科目及びその単位数について適切に定めるものとする。

4　学校設定科目

　学校においては，地域，学校及び生徒の実態，学科の特色等に応じ，特色ある教育課程の編成に資するよう，上記2及び3の表に掲げる教科について，これらに属する科目以外の科目（以下「学校設定科目」という。）を設けることができる。この場合において，学校設定科目の名称，目標，内容，単位数等については，その科目の属する教科の目標に基づき，各学校の定めるところによるものとする。

〔2009年版〕

教科	科目	標準単位数	必履修科目
国語	国語総合	4	◯2単位まで減可
	国語表現	3	
	現代文A	2	
	現代文B	4	
	古典A	2	
	古典B	4	
地理歴史	世界史A	2	┐◯
	世界史B	4	┘
	日本史A	2	┐
	日本史B	4	│◯
	地理A	2	│
	地理B	4	┘
公民	現代社会	2	「現代社会」又は「倫理」・「政治・経済」
	倫理	2	
	政治・経済	2	
数学	数学Ⅰ	3	◯2単位まで減可
	数学Ⅱ	4	
	数学Ⅲ	5	
	数学A	2	
	数学B	2	
	数学活用	2	
理科	科学と人間生活	2	「科学と人間生活」を含む2科目又は基礎を付した科目を3科目
	物理基礎	2	
	物理	4	
	化学基礎	2	
	化学	4	
	生物基礎	2	
	生物	4	
	地学基礎	2	
	地学	4	
	理科課題研究	1	
保健体育	体育	7〜8	◯
	保健	2	◯
芸術	音楽Ⅰ	2	
	音楽Ⅱ	2	
	音楽Ⅲ	2	
	美術Ⅰ	2	
	美術Ⅱ	2	◯
	美術Ⅲ	2	
	工芸Ⅰ	2	
	工芸Ⅱ	2	
	工芸Ⅲ	2	
	書道Ⅰ	2	
	書道Ⅱ	2	
	書道Ⅲ	2	
外国語	コミュニケーション英語基礎	2	
	コミュニケーション英語Ⅰ	3	◯2単位まで減可
	コミュニケーション英語Ⅱ	4	
	コミュニケーション英語Ⅲ	4	
	英語表現Ⅰ	2	
	英語表現Ⅱ	4	
	英語会話	2	
家庭	家庭基礎	2	┐◯
	家庭総合	4	│
	生活デザイン	4	┘
情報	社会と情報	2	┐◯
	情報の科学	2	┘
総合的な学習の時間		3〜6	◯2単位まで減可

〔1998年版〕

教科	科目	標準単位数	必履修科目
国語	国語表現Ⅰ	2	┐◯
	国語表現Ⅱ	2	│
	国語総合	4	┘
	現代文	4	
	古典	4	
	古典購読	2	
地理歴史	世界史A	2	┐◯
	世界史B	4	┘
	日本史A	2	┐
	日本史B	4	│◯
	地理A	2	│
	地理B	4	┘
公民	現代社会	2	「現代社会」又は「倫理」・「政治・経済」
	倫理	2	
	政治・経済	2	
数学	数学基礎	2	┐◯
	数学Ⅰ	3	┘
	数学Ⅱ	4	
	数学Ⅲ	3	
	数学A	2	
	数学B	2	
	数学C	2	
理科	理科基礎	2	2科目（「理科基礎」「理科総合A」又は「理科総合B」を少なくとも1科目含む。）
	理科総合A	2	
	理科総合B	2	
	物理Ⅰ	3	
	物理Ⅱ	3	
	化学Ⅰ	3	
	化学Ⅱ	3	
	生物Ⅰ	3	
	生物Ⅱ	3	
	地学Ⅰ	3	
	地学Ⅱ	3	
保健体育	体育	7〜8	◯
	保健	2	◯
芸術	音楽Ⅰ	2	
	音楽Ⅱ	2	
	音楽Ⅲ	2	
	美術Ⅰ	2	
	美術Ⅱ	2	◯
	美術Ⅲ	2	
	工芸Ⅰ	2	
	工芸Ⅱ	2	
	工芸Ⅲ	2	
	書道Ⅰ	2	
	書道Ⅱ	2	
	書道Ⅲ	2	
外国語	オーラル・コミュニケーションⅠ	2	┐◯
	オーラル・コミュニケーションⅡ	4	│
	英語Ⅰ	3	┘
	英語Ⅱ	4	
	リーディング	4	
	ライティング	4	
家庭	家庭基礎	2	┐◯
	家庭総合	4	│
	生活技術	4	┘
情報	情報A	2	┐◯
	情報B	2	│
	情報C	2	┘
総合的な学習の時間		3〜6	◯

5 学校設定教科

(1) 学校においては，地域，学校及び生徒の実態，学科の特色等に応じ，特色ある教育課程の編成に資するよう，上記2及び3の表に掲げる教科以外の教科（以下「学校設定教科」という。）及び当該教科に関する科目を設けることができる。この場合において，学校設定教科及び当該教科に関する科目の名称，目標，内容，単位数等については，高等学校教育の目標及びその水準の維持等に十分配慮し，各学校の定めるところによるものとする。

(2) 学校においては，学校設定教科に関する科目として「産業社会と人間」を設けることができる。この科目の目標，内容，単位数等を各学校において定めるに当たっては，産業社会における自己の在り方生き方について考えさせ，社会に積極的に寄与し，生涯にわたって学習に取り組む意欲や態度を養うとともに，生徒の主体的な各教科・科目の選択に資するよう，就業体験等の体験的な学習や調査・研究などを通して，次のような事項について指導することに配慮するものとする。

　ア　社会生活や職業生活に必要な基本的な能力や態度及び望ましい勤労観，職業観の育成

　イ　我が国の産業の発展とそれがもたらした社会の変化についての考察

　ウ　自己の将来の生き方や進路についての考察及び各教科・科目の履修計画の作成

第3款　各教科・科目の履修等

1　各学科に共通する必履修教科・科目及び総合的な学習の時間

(1) すべての生徒に履修させる各教科・科目（以下「必履修教科・科目」という。）は次のとおりとし，その単位数は，第2款の2に標準単位数として示された単位数を下らないものとする。

　ただし，生徒の実態及び専門学科の特色等を考慮し，特に必要がある場合には，「国語総合」については3単位又は2単位とし，「数学Ⅰ」及び「コミュニケーション英語Ⅰ」については2単位とすることができ，その他の必履修教科・科目（標準単位数が2単位であるものを除く。）についてはその単位数の一部を減じることができる。

　ア　国語のうち「国語総合」

　イ　地理歴史のうち「世界史A」及び「世界史B」のうちから1科目並びに「日本史A」，「日本史B」，「地理A」及び「地理B」のうちから1科目

　ウ　公民のうち「現代社会」又は「倫理」・「政治・経済」

　エ　数学のうち「数学Ⅰ」

　オ　理科のうち「科学と人間生活」，「物理基礎」，「化学基礎」，「生物基礎」及び「地

学基礎」のうちから2科目（うち1科目は「科学と人間生活」とする。）又は「物理基礎」，「化学基礎」，「生物基礎」及び「地学基礎」のうちから3科目
　　カ　保健体育のうち「体育」及び「保健」
　　キ　芸術のうち「音楽Ⅰ」，「美術Ⅰ」，「工芸Ⅰ」及び「書道Ⅰ」のうちから1科目
　　ク　外国語のうち「コミュニケーション英語Ⅰ」（英語以外の外国語を履修する場合は，学校設定科目として設ける1科目とし，その標準単位数は3単位とする。）
　　ケ　家庭のうち「家庭基礎」，「家庭総合」及び「生活デザイン」のうちから1科目
　　コ　情報のうち「社会と情報」及び「情報の科学」のうちから1科目
（2）総合的な学習の時間については，すべての生徒に履修させるものとし，その単位数は，第2款の2に標準単位数として示された単位数の下限を下らないものとする。ただし特に必要がある場合には，その単位数を2単位とすることができる。
2　専門学科における各教科・科目の履修
　専門学科における各教科・科目の履修については，上記1のほか次のとおりとする。
（1）専門学科においては，専門教科・科目（第2款の3の表に掲げる各教科・科目，同表の教科に属する学校設定科目及び専門教育に関する学校設定教科に関する科目をいう。以下同じ。）について，すべての生徒に履修させる単位数は，25単位を下らないこと。ただし，商業に関する学科においては，上記の単位数の中に外国語に属する科目の単位を5単位まで含めることができること。また，商業に関する学科以外の専門学科においては，各学科の目標を達成する上で，専門教科・科目以外の教科・科目の履修により，専門教科・科目の履修と同様の成果が期待できる場合においては，その専門教科・科目以外の教科・科目の単位を5単位まで上記の単位数の中に含めることができること。
（2）専門教科・科目の履修によって，上記1の必履修教科・科目の履修と同様の成果が期待できる場合においては，その専門教科・科目の履修をもって，必履修教科・科目の履修の一部又は全部に替えることができること。
（3）職業教育を主とする専門学科においては，総合的な学習の時間の履修により，農業，工業，商業，水産，家庭若しくは情報の各教科に属する「課題研究」，「看護臨地実習」又は「介護総合演習」（以下この項において「課題研究等」という。）の履修と同様の成果が期待できる場合においては，総合的な学習の時間の履修をもって課題研究等の履修の一部又は全部に替えることができる。また，課題研究等の履修により，総合的な学習の時間の履修と同様の成果が期待できる場合においては，課題研究等の履修をもって総合的な学習の時間の履修の一部又は全部に替えることができる。
3　総合学科における各教科・科目の履修等

総合学科における各教科・科目の履修等については，上記１のほか次のとおりとする。
（１）総合学科においては，第２款の５の（２）に掲げる「産業社会と人間」をすべての生徒に原則として入学年次に履修させるものとし，標準単位数は２～４単位とすること。
（２）総合学科においては，学年による教育課程の区分を設けない課程（以下「単位制による課程」という。）とすることを原則とするとともに，「産業社会と人間」及び専門教科・科目を合わせて25単位以上設け，生徒が多様な各教科・科目から主体的に選択履修できるようにすること。
　その際，生徒が選択履修するに当たっての指針となるよう，体系性や専門性等において相互に関連する各教科・科目によって構成される科目群を複数設けるとともに，必要に応じ，それら以外の各教科・科目を設け，生徒が自由に選択履修できるようにすること。

巻末資料４：義務教育等の目的・目標（2007年改正学校教育法より）

第２章　義務教育
第16条　保護者（子に対して親権を行う者（親権を行う者のないときは，未成年後見人）をいう。以下同じ。）は，次条に定めるところにより，子に９年の普通教育を受けさせる義務を負う。
第17条　保護者は，子の満６歳に達した日の翌日以後における最初の学年の初めから，満12歳に達した日の属する学年の終わりまで，これを小学校又は特別支援学校の小学部に就学させる義務を負う。ただし，子が，満12歳に達した日の属する学年の終わりまでに小学校又は特別支援学校の小学部の課程を修了しないときは，満15歳に達した日の属する学年の終わり（それまでの間において当該課程を修了したときは，その修了した日の属する学年の終わり）までとする。
２　保護者は，子が小学校又は特別支援学校の小学部の課程を修了した日の翌日以後における最初の学年の初めから，満15歳に達した日の属する学年の終わりまで，これを中学校，中等教育学校の前期課程又は特別支援学校の中学部に就学させる義務を負う。
３　前２項の義務の履行の督促その他これらの義務の履行に関し必要な事項は，政令で定める。
第18条　前条第１項又は第２項の規定によつて，保護者が就学させなければならない子（以下それぞれ「学齢児童」又は「学齢生徒」という。）で，病弱，発育不完全その

他やむを得ない事由のため，就学困難と認められる者の保護者に対しては，市町村の教育委員会は，文部科学大臣の定めるところにより，同条第1項又は第2項の義務を猶予又は免除することができる。

第19条　経済的理由によつて，就学困難と認められる学齢児童又は学齢生徒の保護者に対しては，市町村は，必要な援助を与えなければならない。

第20条　学齢児童又は学齢生徒を使用する者は，その使用によつて，当該学齢児童又は学齢生徒が，義務教育を受けることを妨げてはならない。

第21条　義務教育として行われる普通教育は，教育基本法（平成18年法律第120号）第5条第2項に規定する目的を実現するため，次に掲げる目標を達成するよう行われるものとする。

1. 学校内外における社会的活動を促進し，自主，自律及び協同の精神，規範意識，公正な判断力並びに公共の精神に基づき主体的に社会の形成に参画し，その発展に寄与する態度を養うこと。
2. 学校内外における自然体験活動を促進し，生命及び自然を尊重する精神並びに環境の保全に寄与する態度を養うこと。
3. 我が国と郷土の現状と歴史について，正しい理解に導き，伝統と文化を尊重し，それらをはぐくんできた我が国と郷土を愛する態度を養うとともに，進んで外国の文化の理解を通じて，他国を尊重し，国際社会の平和と発展に寄与する態度を養うこと。
4. 家族と家庭の役割，生活に必要な衣，食，住，情報，産業その他の事項について基礎的な理解と技能を養うこと。
5. 読書に親しませ，生活に必要な国語を正しく理解し，使用する基礎的な能力を養うこと。
6. 生活に必要な数量的な関係を正しく理解し，処理する基礎的な能力を養うこと。
7. 生活にかかわる自然現象について，観察及び実験を通じて，科学的に理解し，処理する基礎的な能力を養うこと。
8. 健康，安全で幸福な生活のために必要な習慣を養うとともに，運動を通じて体力を養い，心身の調和的発達を図ること。
9. 生活を明るく豊かにする音楽，美術，文芸その他の芸術について基礎的な理解と技能を養うこと。
10. 職業についての基礎的な知識と技能，勤労を重んずる態度及び個性に応じて将来の進路を選択する能力を養うこと。

第3章　幼稚園

第22条　幼稚園は，義務教育及びその後の教育の基礎を培うものとして，幼児を保育し，幼児の健やかな成長のために適当な環境を与えて，その心身の発達を助長することを目的とする。

第23条　幼稚園における教育は，前条に規定する目的を実現するため，次に掲げる目標を達成するよう行われるものとする。

1. 健康，安全で幸福な生活のために必要な基本的な習慣を養い，身体諸機能の調和的発達を図ること。
2. 集団生活を通じて，喜んでこれに参加する態度を養うとともに家族や身近な人への信頼感を深め，自主，自律及び協同の精神並びに規範意識の芽生えを養うこと。
3. 身近な社会生活，生命及び自然に対する興味を養い，それらに対する正しい理解と態度及び思考力の芽生えを養うこと。
4. 日常の会話や，絵本，童話等に親しむことを通じて，言葉の使い方を正しく導くとともに，相手の話を理解しようとする態度を養うこと。
5. 音楽，身体による表現，造形等に親しむことを通じて，豊かな感性と表現力の芽生えを養うこと。

第24条　幼稚園においては，第22条に規定する目的を実現するための教育を行うほか，幼児期の教育に関する各般の問題につき，保護者及び地域住民その他の関係者からの相談に応じ，必要な情報の提供及び助言を行うなど，家庭及び地域における幼児期の教育の支援に努めるものとする。

第6章　高等学校

第50条　高等学校は，中学校における教育の基礎の上に，心身の発達及び進路に応じて，高度な普通教育及び専門教育を施すことを目的とする。

第51条　高等学校における教育は，前条に規定する目的を実現するため，次に掲げる目標を達成するよう行われるものとする。

1. 義務教育として行われる普通教育の成果を更に発展拡充させて，豊かな人間性，創造性及び健やかな身体を養い，国家及び社会の形成者として必要な資質を養うこと。
2. 社会において果たさなければならない使命の自覚に基づき，個性に応じて将来の進路を決定させ，一般的な教養を高め，専門的な知識，技術及び技能を習得させること。
3. 個性の確立に努めるとともに，社会について，広く深い理解と健全な批判力を養い，社会の発展に寄与する態度を養うこと。

巻末資料5:小・中・高校・幼の指導要録

小学校児童指導要録（参考様式）

様式1（学籍に関する記録）

区分＼学年	1	2	3	4	5	6
学　級						
整理番号						

学　籍　の　記　録

児童	ふりがな		性別		入学・編入学等	平成　年　月　日　第1学年入学 第　学年編入学
	氏　名					
	生年月日	平成　　年　　月　　日生			転入学	平成　年　月　日　第　学年転入学
	現住所					
保護者	ふりがな				転学・退学等	（平成　　年　　月　　日） 平成　　年　　月　　日
	氏　名					
	現住所				卒　業	平成　　年　　月　　日
入学前の経歴					進学先	
学校名及び所在地 (分校名・所在地等)						

年　度	平成　年度	平成　年度	平成　年度
区分＼学年	1	2	3
校長氏名印			
学級担任者氏名印			

年　度	平成　年度	平成　年度	平成　年度
区分＼学年	4	5	6
校長氏名印			
学級担任者氏名印			

巻末資料

様式2（指導に関する記録）

児童氏名		学校名		区分＼学年	1	2	3	4	5	6
				学　級						
				整理番号						

各教科の学習の記録

I　観点別学習状況

教科	観点＼学年	1	2	3	4	5	6
国語	国語への関心・意欲・態度						
	話す・聞く能力						
	書く能力						
	読む能力						
	言語についての知識・理解・技能						
社会	社会的事象への関心・意欲・態度	/	/				
	社会的な思考・判断・表現	/	/				
	観察・資料活用の技能	/	/				
	社会的事象についての知識・理解	/	/				
算数	算数への関心・意欲・態度						
	数学的な考え方						
	数量や図形についての技能						
	数量や図形についての知識・理解						
理科	自然事象への関心・意欲・態度	/	/				
	科学的な思考・表現	/	/				
	観察・実験の技能	/	/				
	自然事象についての知識・理解	/	/				
生活	生活への関心・意欲・態度					/	/
	活動や体験についての思考・表現					/	/
	身近な環境や自分についての気付き					/	/
音楽	音楽への関心・意欲・態度						
	音楽表現の創意工夫						
	音楽表現の技能						
	鑑賞の能力						
図画工作	造形への関心・意欲・態度						
	発想や構想の能力						
	創造的な技能						
	鑑賞の能力						
家庭	家庭生活への関心・意欲・態度	/	/	/	/		
	生活を創意工夫する能力	/	/	/	/		
	生活の技能	/	/	/	/		
	家庭生活についての知識・理解	/	/	/	/		
体育	運動や健康・安全への関心・意欲・態度						
	運動や健康・安全についての思考・判断						
	運動の技能						
	健康・安全についての知識・理解						

II　評定

学年＼教科	国語	社会	算数	理科	音楽	図画工作	家庭	体育
3								
4								
5								
6								

外国語活動の記録

観点＼学年	5	6
コミュニケーションへの関心・意欲・態度		
外国語への慣れ親しみ		
言語や文化に関する気付き		

総合的な学習の時間の記録

学年	学習活動	観点	評価
3			
4			
5			
6			

特別活動の記録

内容	観点＼学年	1	2	3	4	5	6
学級活動							
児童会活動							
クラブ活動							
学校行事							

児童氏名

行　動　の　記　録

項　目 \ 学　年	1	2	3	4	5	6	項　目 \ 学　年	1	2	3	4	5	6
基本的な生活習慣							思いやり・協力						
健康・体力の向上							生命尊重・自然愛護						
自主・自律							勤労・奉仕						
責任感							公正・公平						
創意工夫							公共心・公徳心						

総合所見及び指導上参考となる諸事項

第1学年	第4学年
第2学年	第5学年
第3学年	第6学年

出　欠　の　記　録

区分 \ 学年	授業日数	出席停止・忌引等の日数	出席しなければならない日数	欠席日数	出席日数	備　考
1						
2						
3						
4						
5						
6						

中学校生徒指導要録（参考様式）

様式1（学籍に関する記録）

区分＼学年	1	2	3
学　　級			
整理番号			

学籍の記録

生徒	ふりがな		性別	入学・編入学等	平成　年　月　日　第1学年入学 　　　　　　　　　　第　学年編入学
	氏　名				
	生年月日	平成　年　月　日生		転入学	平成　年　月　日　第　学年転入学
	現住所				

保護者	ふりがな		転学・退学等	（平成　年　月　日） 平成　年　月　日
	氏　名			
	現住所		卒　業	平成　年　月　日

入学前の経歴		進学先 就職先等	

学校名及び所在地 (分校名・所在地等)	

年　度	平成　年度	平成　年度	平成　年度
区分＼学年	1	2	3
校長氏名印			
学級担任者氏名印			

巻末資料　179

様式2（指導に関する記録）

生徒氏名		学校名		区分 \ 学年	1	2	3
				学級			
				整理番号			

各教科の学習の記録

I 観点別学習状況

教科	観点 \ 学年	1	2	3	教科	観点 \ 学年	1	2	3
国語	国語への関心・意欲・態度								
	話す・聞く能力								
	書く能力								
	読む能力								
	言語についての知識・理解・技能								
社会	社会的事象への関心・意欲・態度								
	社会的な思考・判断・表現								
	資料活用の技能								
	社会的事象についての知識・理解								
数学	数学への関心・意欲・態度								
	数学的な見方や考え方								
	数学的な技能								
	数量や図形などについての知識・理解								
理科	自然事象への関心・意欲・態度								
	科学的な思考・表現								
	観察・実験の技能								
	自然事象についての知識・理解								
音楽	音楽への関心・意欲・態度								
	音楽表現の創意工夫								
	音楽表現の技能								
	鑑賞の能力								
美術	美術への関心・意欲・態度								
	発想や構想の能力								
	創造的な技能								
	鑑賞の能力								
保健体育	運動や健康・安全への関心・意欲・態度								
	運動や健康・安全についての思考・判断								
	運動の技能								
	運動や健康・安全についての知識・理解								
技術・家庭	生活や技術への関心・意欲・態度								
	生活を工夫し創造する能力								
	生活の技能								
	生活や技術についての知識・理解								
外国語	コミュニケーションへの関心・意欲・態度								
	外国語表現の能力								
	外国語理解の能力								
	言語や文化についての知識・理解								

II 評定

学年 \ 教科	国語	社会	数学	理科	音楽	美術
1						
2						
3						

学年 \ 教科	保健体育	技術・家庭	外国語
1			
2			
3			

総合的な学習の時間の記録

学年	学習活動	観点	評価
1			
2			
3			

特別活動の記録

内容	観点 \ 学年	1	2	3
学級活動				
生徒会活動				
学校行事				

生 徒 氏 名

行 動 の 記 録

項 目 ＼ 学 年	1	2	3	項 目 ＼ 学 年	1	2	3
基本的な生活習慣				思いやり・協力			
健康・体力の向上				生命尊重・自然愛護			
自主・自律				勤労・奉仕			
責任感				公正・公平			
創意工夫				公共心・公徳心			

総合所見及び指導上参考となる諸事項

学年	
第1学年	
第2学年	
第3学年	

出 欠 の 記 録

区分＼学年	授業日数	出席停止・忌引等の日数	出席しなければならない日数	欠席日数	出席日数	備　考
1						
2						
3						

高等学校（全日制の課程・定時制の課程）生徒指導要録（参考様式）

様式1（学籍に関する記録）

区分＼学年	1	2	3	4
ホームルーム				
整理番号				

学籍の記録

生徒	ふりがな		性別	入学・編入学	平成　年　月　日　第1学年入学 　　　　　　　　　第 学年編入学
	氏　名				
	生年月日	平成　年　月　日生		転入学	平成　年　月　日
	現住所			転学・退学	平成　年　月　日
保護者	ふりがな			留学等	平成　年　月　日 ～平成　年　月　日
	氏　名				
	現住所			卒　業	平成　年　月　日
入学前の経歴	平成　年　　　　中学校卒業			進学先 就職先等	

学　校　名 及　び 所　在　地 （分校名・所在地等） 課程名・学科名	

年　度	平成　年度	平成　年度	平成　年度	平成　年度
区分＼学年	1	2	3	4
校長氏名印				
ホームルーム 担任者氏名印				

（様式1裏面）

各教科・科目等の修得単位数の記録

	教科	科　目	修得単位数の計
各学科に共通する各教科・科目	国語	国語総合	
		略	
		〃	
	地理歴史	〃	
		〃	
		〃	
	公民	〃	
		〃	
	数学	〃	
		〃	
	理科	〃	
		〃	
		〃	
	保健体育	〃	
		〃	
	芸術	〃	
		〃	
		〃	
	外国語	〃	
		〃	
		〃	

	教科	科　目	修得単位数の計
	家庭	〃	
		〃	
		〃	
	情報	〃	
		〃	
	学校設定教科	〃	
		〃	
		〃	
		〃	
主として専門学科において開設される各教科・科目	農業	〃	
		〃	
	工業	〃	
	商業	〃	
	水産	〃	
	家庭	〃	
	看護	〃	

	教科	科　目	修得単位数の計
において開設される各教科・科目	情報	〃	
	福祉	〃	
	理数	〃	
	体育	〃	
	音楽	〃	
	美術	〃	
	英語	〃	
	学校設定教科	〃	
		〃	
		〃	

総合的な学習の時間	

留学	

様式2（指導に関する記録）

生徒氏名		学校名		区分　学年	1	2	3	4
				ホームルーム				
				整理番号				

各教科・科目等の学習の記録

各教科・科目等		第1学年		第2学年		第3学年		第4学年		修得単位数の計	備考
教科等	科目等	評定	修得単位数	評定	修得単位数	評定	修得単位数	評定	修得単位数		
各学科に共通する各教科・科目	国語	国語総合										
		略										
		〃										
	地歴	〃										
		〃										
	公民	〃										
		〃										
	数学	〃										
		〃										
	理科	〃										
		〃										
	保健体育	〃										
		〃										
	芸術	〃										
		〃										
	外国語	〃										
		〃										
	家庭	〃										
		〃										
	情報	〃										
		〃										
	学校設定教科	〃										
		〃										
主として専門学科において開設される各教科・科目	農業	〃										
		〃										
	工業	〃										
		〃										
	商業	〃										
		〃										
	水産	〃										
		〃										
	家庭	〃										
		〃										
	看護	〃										
		〃										
	情報	〃										
		〃										
	福祉	〃										
		〃										
	理数	〃										
		〃										
	体育	〃										
		〃										
	音楽	〃										
		〃										
	美術	〃										
		〃										
	英語	〃										
		〃										
	学校設定教科	〃										
		〃										
総合的な学習の時間											
小計											
留学											
合計											

生徒氏名	

総合的な学習の時間の記録

学習活動	
評価	

特別活動の記録

第1学年	第2学年	第3学年	第4学年

総合所見及び指導上参考となる諸事項

第1学年	
第2学年	
第3学年	
第4学年	

出欠の記録

区分 学年	授業日数	出席停止・忌引等の日数	留学中の授業日数	出席しなければならない日数	欠席日数	出席日数	備考
1							
2							
3							
4							

幼稚園幼児指導要録（学籍に関する記録）

年度 区分	平成　年度	平成　年度	平成　年度	平成　年度
学　　級				
整理番号				

幼児	ふりがな 氏　名		性　別	
	平成　年　月　日生			
	現住所			

保護者	ふりがな 氏　名	
	現住所	

入　園	平成　年　月　日	入園前の 状　況	
転入園	平成　年　月　日		
転・退園	平成　年　月　日	進学先等	
修　了	平成　年　月　日		

幼稚園名 及び所在地	

年度及び入園(転入園) ・進級時の幼児の年齢	平成　年度 歳　か月	平成　年度 歳　か月	平成　年度 歳　か月	平成　年度 歳　か月
園　　長 氏　名　印				
学級担任者 氏　名　印				

巻末資料　187

幼稚園幼児指導要録（指導に関する記録）

氏名	ふりがな	指導の重点等	平成　年度	平成　年度	平成　年度	平成　年度
			学年の重点	学年の重点	学年の重点	学年の重点
	平成　年　月　日生					
性別			個人の重点	個人の重点	個人の重点	個人の重点

	ねらい（発達を捉える視点）		指導上参考となる事項
健康	明るく伸び伸びと行動し、充実感を味わう。		
	自分の体を十分に動かし、進んで運動しようとする。		
	健康、安全な生活に必要な習慣や態度を身に付ける		
人間関係	幼稚園生活を楽しみ自分の力で行動することの充実感を味わう		
	身近な人と親しみ、かかわりを深め、愛情や信頼感をもつ		
	社会生活における望ましい習慣や態度を身に付ける		
環境	身近な環境に親しみ、自然と触れ合う中で様々な事象に興味や関心をもつ		
	身近な環境に自分からかかわり、発見を楽しんだり、考えたりし、それを生活に取り入れようとする		
	身近な事象を見たり考えたり扱ったりする中で物の性質や数量、文字などに対する感覚を豊かにする		
言葉	自分の気持ちを言葉で表現する楽しさを味わう		
	人の言葉や話などをよく聞き、自分の経験したことや考えたことを話し、伝え合う喜びを味わう		
	日常生活に必要な言葉が分かるようになるとともに、絵本や物語などに親しみ先生や友達と心を通わせる		
表現	いろいろなものの美しさなどに対する豊かな感性をもつ		
	感じたことや考えたことを自分なりに表現して楽しむ		
	生活の中でイメージを豊かにし、様々な表現を楽しむ		

出欠状況			備考

学年の重点：年度当初に、教育課程に基づき長期の見通しとして設定したものを記入
個人の重点：一年間を振り返って、当該幼児の指導について特に重視してきた点を記入
(1) 次の事項について記入すること。
　①1年間の指導の過程と幼児の発達の姿について以下の事項を踏まえ記入すること。
　　・幼稚園教育要領第2章「ねらい及び内容」に示された各領域のねらいを視点として、当該幼児の発達の実情から向上が著しいと思われるもの。その際、他の幼児との比較や一定の基準に対する達成度についての評定によって捉えるものではないことに留意すること。・幼稚園生活を通して全体的、総合的に捉えた幼児の発達の姿。
　②次の年度の指導に必要と考えられる配慮事項等について記入すること。
(2) 幼児の健康の状況等指導上特に留意する必要がある場合等について記入すること。

巻末資料6：カリキュラムの類型

1. 教科カリキュラム（subject curriculum）

2. 相関カリキュラム（correlated curriculum）

3. 融合カリキュラム（fused curriculum）

4. 広領域カリキュラム（broad-field curriculum）

5. コア・カリキュラム　　　　　　　6. 経験カリキュラム
　（core curriculum）　　　　　　　　（experience curriculum）

出所：大島三男『カリキュラム構成論』（同学社版、1949年）から一部表記を山﨑が修正。

編者紹介
山﨑　準二（やまざき　じゅんじ）
1953年　山梨県甲府市生まれ
現　　職　学習院大学文学部教授　博士（教育学）
　　　　　静岡大学教授，東京学芸大学教授，東洋大学教授を経て，現在に至る
専攻分野　教育方法論・教師教育論
主　　著　『教師のライフコース研究』（創風社，2002年）
　　　　　『教師の発達と力量形成』（創風社，2012年）
編　　著　『教師という仕事・生き方〔第2版〕』（日本標準，2009年）
　　　　　『教育課程』（学文社，2009年）
　　　　　『教育の方法と技術〔第2版〕』（柴田義松と共編著，学文社，2014年）
　　　　　『新・教育入門』（矢野博之と共編著，学文社，2014年）

新版　教育の課程・方法・評価
2016年3月31日　第1刷発行　　　　　《検印省略》

編　者Ⓒ　山　﨑　準　二
発 行 者　本　谷　高　哲
制　　作　モ リ モ ト 印 刷
　　　　　東京都新宿区東五軒町3-19

発 行 所　梓　　出　　版　　社
　　　　　千葉県松戸市新松戸7-65
　　　　　電話・FAX 047（344）8118

乱丁・落丁本はお取り替えいたします。
ISBN 978-4-87262-645-2　C3037